한국 경제 규칙 바꾸기

한국 경제 규칙 바꾸기

박원순, 전병유 외 지음

서울연구원
The Seoul Institute

발간에 부쳐

도시, 사회 정의와 평등을 이끌다

조지프 E. 스티글리츠

『한국 경제 규칙 바꾸기』 출간에 함께하게 되어 큰 영광이다. 정도의 차이는 있겠지만 전 세계적으로 누구나 불평등 증가, 무력감 확대, 불안감 증대와 같은 문제에 시달리고 있다. 이러한 문제를 제대로 다루지 못하는 사회·정치 지도자와 정부의 무능함 때문에 정치적 혼란이 초래되기도 하고 권위주의적 지도자나 민주주의 정신을 훼손하는 선동가가 양산되기도 한다.

그들이 하는 약속은 현실과 동떨어져 있다. 이전에 지식층에서 세계화와 금융시장 개방이 사람들에게 성장과 안정이라는 혜택을 가져다줄 것이라고 약속했을 때보다도 훨씬 간극이 클 것이다. 그러는 동안 세계화와 금융시장 개방은 민주주의와 우리 사회에 막대한 피해를 입힐 것이다. 트럼프 대통령은 국제 법치주의(국제적 규범)를 약화시키고 언론, 사법, 학계, 정보기관 등 기본적인 사회제도에 대한 신뢰를 무너뜨리고 있다.

우리가 불평등, 무력함, 불안정 등 근본적인 문제에 대해 좀 더 유의미한 해결책을 강구하려면, 무엇보다도 이러한 문제를 야기하는 세력을 이해해야 한다. 전 세계 동향을 살펴보면 기술과 세계화를 이끄는 동일한 글로벌 세력들과 마주한 국가의 불평등 정도는 뚜렷하게 차이가 난다. 일부 국가는 이러한 세력을 다른 국가보다 능숙하게 관리함으로써 불평등, 불안정, 무력감 등의 증가를 가까스로 예방하였다. 그 차이는 바로 정책에서 비롯된다. 그래서 나는 『불평등의 대가: 분열된 사회는 왜 위험한가』와 『거대한 불평등: 우리는 무엇을 할 수 있는가』라는 책에서 불평등은 선택이라고 했다. 왜냐하면 이는 각국의 정부가 수립하는 정책에서 빚어낸 결과이기 때문이다.

나는 지난 30여 년에 걸쳐 미국의 정책이 어떻게 변화되어 왔는지를 살폈다. 그리고 21세기에는 어떻게 그 정책을 변화시켜 불평등한 사회를 바로잡고 보다 평등하고 민주적인 사회를 만들 수 있을지를 생각하게 되었다. 미국의 제32대 대통령 프랭클린 루스벨트와 엘리너 루스벨트 여사의 생각과 가치를 이어 가기 위해 설립된 싱크탱크, 루즈벨트연구소(Roosevelt Institute)가 있다. 연구소 소속 동료인 넬 애버내시, 애덤 허쉬, 수전 홈버그, 마이크 콘찰과 함께 이러한 일련의 연구 결과를 모아 『경제 규칙 다시 쓰기(*Rewriting the Rules of American Economy*)』라는 책을 썼다. 이 책의 개념은 미국뿐만 아니라 세계의 거의 모든 나라에서 거대한 반향을 일으키고 있다고 자신 있게 말할 수 있다. 오늘날 너무도 많은 나라가 걷고 있는 위험한 항로에서 벗어나 전 세계를 새로운 번영의 길로 이끌어야 한다. 바로 이러한 전 세계적 청사진을 마련한다는 차원에서 한국에서 출간되는 이 책에 동참하게 되었다. 그리고 최근에는 『유럽 경제 규칙 다시 쓰기(*Rewriting the Rules of the European Economy*)』(미간행)라는 책 출간에도 함께하고 있다.

미국은 특히 레이건(1981-1989) 정부 이후의 방법에 중점을 두고 있다. 국가는 노동을 훼손하고 부자 감세를 감행하며 중요한 규제를 없애는 방식으로 시장경제의 규칙을 바꾸는 일에 본격 착수했다. 특히 금융 부문에서는 기업 지배 방식(거버넌스)과 파산 규칙을 바꾸고 약간의 불평등 증가는 불가피하겠지만 많은 사람이 더 잘 살게 되는 방식으로 통화 및 재정 정책의 방향을 다시 잡았다. 한마디로 경제의 기본 규칙에 있어 광범위한 변화가 이뤄졌다. 계속된 변화는 부자 감세와 금융시장 개방을 뛰어넘어 그 자체로 큰 관심을 불러왔다.

레이건이 감행한 변화를 뒷받침하는 근거는 단순했다. 보다 강력한 장려책이 마련되고, 시장 개방을 통해 그러한 장려책이 힘을 발휘할 수 있는 보다 많은 '공간'을 제공하는 것이었다. 하지만 이러한 시도는 계획한 대로 돌아가지 않았다. 성장은 둔화됐고 불평등은 어마어마하게 증가했다. 근본적으로 우리 사회에서 혜택을 입은 유일한 집단은 상위 1퍼센트인 경우가 많았고, 상위 0.1퍼센트는 훨씬 더 많은 혜택을 받았다.

무엇이 잘못됐는지 문제의 근원을 파고들면 시장소득에서 불평등이 크게 증가했음을 알 수 있다. 그런데 미국 정부는 이러한 불평등을 해소하는 데 갈수록 소극적인 태도를 보이고 있다. 2017년 12월 자로 나온 트럼프의 세제안은 민주주의에서 비준된 최악의 세제안으로 기록될 것이다. 이 세제안은 이렇다 할 이점 없이 오히려 미국의 중요한 문제들만 악화시켰다. 선진국 가운데 불평등 지수가 단연 최고에 달하는 미국에서 그 세

제안이 전면 시행될 경우, 대다수 중산층(2~4번째 분위에 속하는 사람들)에 대한 증세로 이어질 것이다. 이러한 중산층 증세는 부유한 기업과 갑부에 대한 감세로 인해 생기는 세수 손실을 보전하는 데 도움이 된다. 모든 국가가 교육의 가치를 인식하고 있는 때에 미국은 전 세계 최초로 대학 일부에 세금을 부과하는 나라가 될 것이다. 미국은 전 세계적으로 일인당 의료서비스에 가장 많은 돈을 소비하는 나라이자 의료서비스에 관해 가장 발전된 연구 자료를 갖고 있는 나라이다. 그럼에도 불구하고 생존권이나 의료서비스를 받을 권리가 인정되지 않고, 기대수명도 계속 감소하고 있다. 그리고 이 세제안 때문에 결국 수백만 명이 넘는 미국인이 의료서비스를 이용하지 못하는 초유의 사태가 벌어질 것이다. 트럼프는 미국 경제 규칙을 바꾸려 하지만 잘못된 방식으로 그것도 미국을 더욱더 분열시키는 방식으로 성장 둔화를 초래할 가능성이 짙어 보인다. 이 방식은 심지어 트럼프 지지자에게도 도움이 되지 않을 것이며, 오히려 그들이 가장 큰 피해를 보게 될 수도 있다.

우리의 책은 '어떻게 하면 평등을 보다 장려하는 방식으로 경제 규칙을 다시 쓸 수 있을까? 경제성장과 동시에 기회를 증가시키는 방식으로 그 일을 이뤄 낼 수 있을까?'라는 질문에 답을 제시하는 데 중점을 뒀다. 레이건의 경제 규칙 다시 쓰기가 포괄적이었던 것만큼이나 이번에 새로 쓰는 규칙 또한 그러할 것이라는 점은 분명했다. 그러나 우리는 과거로 회귀할 수만은 없다. 21세기 혁신과 지식 경제는 레이건 시대의 산업 경제와 다르다. 우리는 새로운 규칙이 필요하다.

우리가 고심한 몇몇 쟁점이 한국을 비롯한 다른 나라에서도 중점 사안이 될 것이다. 우리는 불평등을 야기하는 근본 요인 가운데 하나가 시장 지배력이라고 믿는다. 미국에서 독점 임대료가 상당히 증가한 사례가 있다. 독점자와 독점기업에 의한 가격 인상은 노동자의 임금 하락만큼이나 복지를 훼손한다. 한국 또한 오랫동안 재벌이 국가 경제에 과도하게 영향을 미치는 문제로 고심하고 있다. 그리고 우리는 불평등 증가를 초래한 또 다른 이유가 노동자의 구매력 약화라고 우려했다. 이것 또한 한국의 오랜 걱정거리였다.

지금까지 다룰 기회가 전혀 없었던 도시라는 주제에 초점을 맞췄다는 점에서 난 이 책이 마음에 든다. 우리 사회는 갈수록 도시화되어 가고 있다. 도시화에서 규칙은 삶의 질을 위해 중요하다. 도시는 또한 시민의 참여를 위한 중요한 거점이 되어 왔다. 중앙정부가 정치적 교착 상태에 빠져 제대로 기능하지 못할 때에도 도시에서는 주택, 직장, 교통 등 다양한 부문에서 중요한 것들이 시행되며 끊임없이 움직였다. 우리는 이러한 활동이 불평등에 미치는 영향을 과소평가한다. 그러나 모든 개인에게 제대로 된 집뿐만 아니라 가정과 직장을 연결하는 훌륭한 대중교통 체계를 보장하는 것이 사회 정의를 실현하는 데 크게 기여할 수 있다. 도시는 또한 사회적 실험과 혁신을 위한 좋은 장소이다. 그렇기 때문에 사회적경제로 불리는 대안적 경제 합의를 만들고 있는 서울의 노력에 전 세계 사람들이 주목하는 것이다.

물론 여기서 다루는 부문에서 실행 가능한 정책 기구와 규칙에 대한 많은 대안이 있을 것이다. 하지만 이 책의 목적은 해답을 제시하기보다 민주적 국가 담론을 만드는 것에 있다. 대안적 세계는 가능하며 경제와 사회를 조직할 수 있는 대안적 방도도 있다. 우리는 서로 배우며 무엇이 효과가 있고 없는지에 대한 통찰력을 확장할 수 있다. 또한 다른 곳에서 얻은 성공에 영감을 받고, 그것을 우리 스스로 적용해 보는 힘을 얻을 수도 있다.

세계 전역에서 벌어지는 권위적인 지도자의 부상은 많은 사람들에게 절망의 원천이 된다. 하지만 이 책과 민주적 테두리 안에서 사회 정의를 실현하는 데 집중하고 있는 사람들이 세계 전역에서 시도하고 있는 노력은 나에게 희망과 영감의 원천이 된다.

불평등 시대, 한국 경제의 새로운 규칙

—

박원순

불평등은 한국 경제의 성장 잠재력을 좀먹고 있다

지금 우리 사회를 한마디로 정의한다면 어떻게 될까? 안타깝게도 '불평등'이 빠질 수 없을 것이다. 물론 불평등은 우리나라만의 문제가 아니다. 그러나 우리나라는 OECD(경제협력개발기구) 국가 중 미국과 함께 불평등이 가장 심각한 나라 가운데 상위 5개국에 꼽힐 정도로 불평등이 심화되고 있다. 과거 촛불민심의 밑바닥에도 불평등에 대한 분노가 짙게 깔렸다. 불평등은 우리 사회를 좀먹고 있는 대표적인 위험 요소이다.

불평등을 방치하면 파국이 올 수 밖에 없다고 많은 학자가 경고한다. 불평등은 피할 수 없는 위험이 아니다. 불평등은 누구의 책임일까? 정부의 책임이자 정치가 해결해야 할 과제이다. 정부는 시장의 불완전성을 인정하고 시장의 부작용과 실패에서 오는 불평등을 적극적으로 해소할 책임이 있다. 그러나 과거 정부와 정치는 이 부분에서 무력하고 무책임했다. 물론 나도 이 책임에서 자유로울 수 없을 것이다.

기회에서 평등하지 못하고 과정에서 공정하지 못하니, 결과는 불평등할 수밖에 없다. 특히 경제 불평등이 매우 구조적이고, 그에 따른 소득 불평등도 날로 심각해지고 있다. 재벌 대기업의 사내유보 이윤, 배당금 등 자본소득은 매년 증가하는데 노동자에게 마땅히 돌아가야 할 몫인 노동소득은 갈수록 줄고 있다. 즉 노동소득분배율이 악화되고 있는 것이다. 재벌 대기업과 중소기업 간의 불평등한 지배와 불공정한 거래 관행은 기업 간 불평등 심화로 이어지고 있다. 불공정한 하도급 거래에 따른 하청기업 약탈, 기술 탈취, 만연한 갑을관계 등으로 중소기업과 중소상인에게 돌아가야 할 몫도 재벌 대기업에 편중되어 있는 것이 현실이다.

비정규직, 여성 노동자, 영세기업 노동자는 고용 불안과 저임금의 늪에서 허우적거리고 있다. 전체 노동자의 절반 가까이가 비정규직이다. 비정규직 노동자가 받는 임금은 정규직 노동자의 절반에 불과하다. 노동자 4명 중 1명은 빈곤선 이하의 임금을 받고 있다. 임금수준 하위 10퍼센트에 비해 상위 10퍼센트는 5배가 넘는 임금을 받고 있다.

조세와 재정정책을 통한 소득재분배 효과는 8.4퍼센트에 그치고 있다. 이는 15.2~34.6퍼센트인 OECD 주요국과 비교해 가장 낮은 수준이다. 불평등은 국민의 삶을 절망으로 몰아넣을 뿐만 아니라, 경제성장을 가로막고 우리나라의 미래를 파괴하고 있다. 다행히 새로 들어선 정부가 여러 가지 정책적 노력을 하고 있지만, 국민들이 느끼는 체감 효과는 여전히 미흡하다. 그렇기 때문에 보다 더 적극적인 전환이 필요하다.

불평등의 대가(大家), 스티글리츠와 만나다

2016년 9월, 나는 미국 뉴욕에서 조지프 스티글리츠(Joseph E. Stiglitz) 컬럼비아대학교 교수를 만났다. 이후 2017년 10월 서울에서 다시 만날 기회가 있었다. 그는 불평등의 폐해와 그 극복 방안을 오랫동안 연구하고 있는 학자로 2001년에는 노벨 경제학상을 받기도 했다. 또한 우리나라에서는 『불평등의 대가(代價): 분열된 사회는 왜 위험한가』라는 책의 저자로도 잘 알려져 있다. 우리 둘은 불평등 확대가 사회를 어떻게 좀먹고 있으며, 결과적으로 성장 가능성을 해치는지를 공감했다.

스티글리츠 교수는 "경기침체 때문에 불평등이 더욱 심각해지고 있다"며 "실업률도 높고, 인플레이션이 조정됐음에도 불구하고 임금은 안 올랐다. 반면 주식시장은 호황이어서 돈이나 주식이 있는 사람은 더 부자가 되고 있다"고 지적했다. 그리고 다음과 같이 덧붙였다.

"특히 금융 위기 이후에도 불평등이 더 심화됐다. 2009년부터 2012년까지 3년 동안 경제성장의 91퍼센트가량 혜택이 상위 1퍼센트에게 돌아갔다. 1퍼센트가 아닌 나머지 사람들의 소득수준은 그대로다. 더구나 미국도 돈 있는 사람들이 세금을 덜 내는데 이런 세금 제도의 허점을 고쳐야 한다. 소득이 많은 사람이 세금을 더 내도록 해야 하며, 천연자원이 나는 땅에도 세금을 매겨야 하고, 탄소 배출에도 세금을 매겨야 한다. 이런 세금은 경제가 더욱 효율적으로 운영되도록 돕고, 불평등을 해소하는 데 도움이 된다."

나는 우리나라의 불평등 상황을 설명했다. "불평등을 비롯한 우리 사회의 격차 해소는 땀 흘려 일한 사람들이 보람을 느끼고 내일의 희망을 이야기하며 살아가는 사회를 만들자는 보편 타당한 논리로, 전 세계가 갖고 있는 공통적인 과제"라는 것을 분명히 했다. 이와 함께 서울시의 '경제민주화 도시 서울'이나 '노동존중특별시 서울'과 같은 우리가 지향하는 철학과 불평등 해소 정책도 소개했다.

이에 스티글리츠 교수는 그의 최근 저서 『경제 규칙 다시 쓰기』라는 책을 내게 선물하면서, 앞으로도 계속 대화할 것을 약속했다. 나도 앞으로 서울시 정책에 대한 이론적이고 실제적인 조언을 구하고 나아가 지속적으로 교류하고 협력하는 관계를 유지해 격차 해소에 필요한 다양한 정책 수립을 위한 자문을 구하겠다고 말했다. 나는 한국 경제 규칙을 바꾸는 작업을 추진할 테니 함께 작업할 것을 요청했고, 그가 흔쾌히 동의했다. 이 책은 이렇게 시작되었다.

미국 경제의 규칙을 새로 쓰자

미국의 불평등 상황은 전 세계적으로 잘 알려져 있다. 최근 프랑스 경제학자 토마 피케티(Thomas Piketty) 교수를 비롯해 소득분배를 연구하는 각국 학자 100여 명이 참여한 네트워크인 '세계 부와 소득 데이터베이스(WID.world)'는 「세계의 불평등 보고서」를 펴내면서 "소득 불평등은 피할 수 없는 일이 아니다. 미국의 방식을 피하면 불평등 심화를 피할 수 있다"고 말한 바 있다. 월가를 점령하자는 운동이 시작되고, 버니 샌더스 열풍이 불었던 것도 불평등의 여파다. 도널드 트럼프 대통령 당선도 사실은 불평등한 미국 사회에 대한 반발에서 비롯된 측면이 있다. 스티글리츠 교수의 이번 책도 동일한 문제의식에서 출발하고 있다. 미국과 한국은 불평등 현상과 원인, 해법의 기본 틀에서는 놀랄 만큼 유사한 구도를 가지고 있음을 발견할 수 있었다.

스티글리츠 교수는 "그동안 미국은 기회의 땅, 중산층의 나라라는 사실에 자부심을 갖고 있었다. 그러나 이제 미국에서 성공의 기회는 사라졌고 아메리칸 드림은 과거의 신화가 되었다. 오늘날 청년들의 인생은 부모의 소득과 사회적 끈에 의해 결정된다. 또한 소수의 인구가 경제 이익의 대부분을 가져가는 구조로 되어 있다. 공평한 출발이 보장되지 못하고 미래의 희망도 사라졌다"*고 한탄했다.

그리고 그는 이런 일이 발생한 원인을 1980년대 이후 시장경제의 규칙에 문제가 생겼기 때문이라고 봤다. "현재의 경제 규칙은 특정 계층이 시장 지배력을 가질 수 있게 하고 경제적 과실 대부분을 차지하도록 되어 있다. 불완전한 경쟁 시장에서 기업이 가격을 책정하듯이 일부 경제주체의 지배력은 시장의 규칙을 자신에게 유리하게 쓰고 이를 강요한다. 한때 기업, 노동, 정부 간에 힘의 균형이 있었지만, 현재 미국 경제는 불균형 그 자체이다."

그는 이것을 현재 미국이 겪고 있는 수요 약화, 소득 불균형, 저성장의 근본 원인으로 본 것이다. 이와 함께 그는 아래로 흐르는(trickle down, 낙수 효과) 경제가 더 이상 불가능하고 위로 흐르는(trickle up, 분수 효과) 경제가 필요하다는 점을 역설한다.

"1970년 대 말 이후 공급 주도 경제정책, 일명 낙수 효과를 기대하는 경제

* 『경제 규칙 다시 쓰기』에서 발췌 요약 정리한 것임.

는 실패하였다. 오히려 분수 효과 경제(중산층을 강하게 하는 것)가 더욱 성공할 정책이다. 다른 말로 하면 성장과 분배는 대체재가 아니라 상호 보완재라고 볼 수 있다. 성장만을 고려하는 전통적인 경제 이론은 붕괴했다. 이제 우리는 더 이상 성장을 당연하다고 여기지 않는다. 최악의 소득 불평등만을 개선하려는 정도의 전통적이고 소극적인 정책은 저성장이나 소득 불균형과 같은 현재의 경제문제를 근본적으로 바꿀 수 없다."

따라서 그는 경제정책을 지금 수정하지 않으면 미국은 향후 만성적인 저성장, 불평등, 그리고 기회 평등이 사라진 국가가 될 것이라고 경고한다. 이에 따라 그는 모든 사람을 위한 새로운 규칙을 다시 쓰는 것이 당면 과제라고 말한다. 특히 경제의 불균형을 교정하고 불평등을 완화하며 실질성장률을 제고하기 위해 지대 추구 행위를 금지시켜야 한다는 원칙을 제시한다. 이어 금융, 기업행위, 화폐정책, 조세·재정정책, 공정거래, 노동관계, 관련 정치구조 등에 관한 규칙을 새로 만들 것을 제안한다.

그가 제안한 정책 가운데 우리 상황에서도 시사점이 클 뿐 아니라 이미 활발하게 논의 중인 정책도 많다. 우선 독점적 지대를 누리는 집단을 규제하는 대신(할 뿐 아니라) 노동자와 저소득층에게 정당한 대가를 보장하는 정책이 있다. 그는 최고 경영진의 임금을 억제하기 위해 노동자와의 임금 비율을 공개토록 하고 경영진의 세금공제 항목을 제한하는 한편, 성과금도 한도를 두자고 제안한다. 또한 자본이득에 대한 과세를 강화하고, 소득세 최고세율을 높이는 내용도 포함한다. 반면 최저임금을 인상하고, 공공기관부터 생활임금을 지급하면서 노동자의 권익을 보호할 것을 제안한다. 초과근무에 대한 임금 보상을 늘리고, 유급 질병 휴가와 가족 휴가를 늘리는 것도 포함한다. 동시에 최저임금 위반 등 노동권 위반 조사와 처벌뿐 아니라 노동자의 협약과 쟁의 권한을 더 강화할 것도 제안한다.

다음으로 서민들의 생계를 보호하기 위해 제안한 다양한 정책도 있다. 그는 대학교육에 대한 공공 부담을 늘려서 등록금을 낮추고, 학자금 대출은 소득에 따라 상환 기간에 차등을 둘 것을 제안한다. 주택 자금 및 학자금 대출 연체자는 개인 파산을 쉽게 하여 빚에 묶여 평생 끌려다니지 않도록 하자고 했다. 그 외에도 육아 보조금을 높이고, 아동을 위한 투자를 확대하며, 산전후 휴가를 더 내실화하자는 주장을 담고 있다. 오바마 케어를 통해 건강보험의 사각지대를 없애기 위한 노력도 주문하고 있다.

나라의 차이를 떠나서 불평등 해소를 위한 접근법은 기본적으로 유사하다. 그 접근법은 비정상적으로 부를 축적하고 있는 특권 계층을 규제하면서 성실하게 살아가지만 생계에 허덕이는 사람들을 지원하자는 것으로 요약할 수 있다.

한국 경제의 규칙을 바꾸자

나는 귀국한 뒤 우리나라의 다양한 불평등 전문가들과 함께 '한국 경제의 규칙을 바꾸자'는 취지의 연구 작업을 시작했다. 한신대 전병유 교수를 비롯한 연구진은 한국 경제 전반에 관한 분석을 맡았고, 서울연구원은 서울시가 그동안 추진한 불평등 해소 노력을 정리했다. 전병유 교수 연구팀은 이미 관련 연구를 수행한 한국 최고의 불평등 연구진이다. 이 책에 실린 내용은 두 연구 집단이 준비한 첫 번째 단계의 작업 결과이다.

이 책의 1부는 우리나라 경제가 안고 있는 문제를 해결할 수 있는 새로운 시장경제 규칙과 정부의 정책을 설명하고, 2부는 지방정부로서 서울시가 선도적으로 실시한 불평등 해소 정책을 소개한다. 여기서 제안한 우리나라의 새로운 시장경제 규칙을 요약하면 다음과 같다.

첫째, 시장 규칙의 공정성을 침해하고 '정경 유착과 불로소득'이라는 지대 추구의 행태에서 벗어나지 못하고 있는 재벌 체제를 개혁할 필요가 있다. 특히 재벌의 경영권 세습 수단으로 활용되는 불공정한 내부거래(일감 몰아주기)를 규제하고, 기업 구조조정에서도 총수 지배 체제의 책임을 묻는 것이 가장 우선시되어야 한다. 이는 우리나라 경제가 오랜 기간 해결하지 못한 숙제이다.

둘째, 경제의 이중화를 차단하기 위해서 중소기업과 자영업자의 집단적 교섭권을 보장하는 것이 무엇보다 중요하다. 하청기업에 대한 불공정한 납품단가 인하와 중소기업의 기술과 인력 탈취 행위를 규제하는 공정거래를 강화하는 것, 그리고 소상공인과 자영업자의 사업 영역을 보호하는 정책을 강화하는 것도 이들의 집단적 교섭권이 보장될 때 가능해질 것이다.

셋째, 거시경제 정책은 완전고용을 보장할 수 있도록 재설계되어야 한다. 이를 위해서는 재정과 통화정책의 역할을 새롭게 정의해야 한다. 물가 안정 중심이던 통화정책을 뛰어넘어 고용 안정과 경제 활력 강화까지 생각해야 한다. 이와 함께 저성장 국면에 본격적으로 들어선 현실에서 재정정책의 역할은 더 커져야 한다. 재정지출은 경제 영역보다 복지 영역에서 더 확대할 필요가 있다.

넷째, 1997년 이후 강화된 가계금융(가계부채)과 자산시장(부동산가격 상승)의 연계를 약화시켜 자산시장을 안정화하고 자산 불평등을 완화하는 것이 바람직하다. 총부채상환(Debt To Income, 이하 DTI)과 주택담보인정

(Loan To Value, 이하 LTV) 등 부동산금융 규제 강화, 임대소득 과세, 과세표준 현실화를 통한 보유세 강화, 그리고 서민을 위한 금융정책과 장기공공임대주택 건설 등을 지속해서 추진해야 한다.

다섯째, 안정된 노동시장을 구축해야 한다. 1997년 이후 '불안'은 우리나라 노동시장의 핵심 키워드가 되었다. 상시적 일자리는 정규직으로 정하여 비정규직 확산을 차단하고 불필요한 외주화를 억제하고 축소하여 노동시장의 안전성을 강화해야 한다. 동시에 근로시간 단축과 사회 공공서비스 일자리 확대 등으로 양질의 일자리를 만들고 근로기준법을 엄격히 적용해 일자리의 질을 보장해야 한다. 아울러 노동조합의 협상력을 강화해야 하고 이를 위한 노동3권 보장의 제약 요소를 제거할 필요가 있다.

여섯째, 복지 시스템이 재구축돼야 한다. 빈곤층을 전체적으로 포괄할 수 있도록 공공부조를 강화하고 노인 빈곤에 대처하기 위한 노후소득보장제도를 보완할 필요가 있다. 실업보험의 사각지대를 해소하기 위한 실업부조와 상병수당제도의 도입도 요구된다. 건강보험의 보장성, 보육과 교육의 공공성, 요양보호제도의 실효성, 주거 보장 등 보편적 서비스 체계 구축도 중요하다. 나는 여러 자리에서 이미 '한국형 기본소득제도' 도입을 제기해 왔다.

일곱째, 소득재분배와 조세정의, 복지재정 확충 등을 위한 공정한 조세시스템을 구축할 필요가 있다. 소득재분배 강화를 위해 직접세 중심으로 증세를 추진하고, 대기업과 고소득층의 유효세율을 높이기 위해 비과세 감면 축소와 세율 인상이 필요하고, 불로소득(자산소득과 자본이득) 과세를 정상화하며 고액 부동산의 보유세를 강화해야 한다.

우리 모두를 위한 경제, 위코노믹스

서울시는 입법권이나 조세권이 없는 지방정부이지만 법률과 예산의 범위 내에서 불평등 해소를 위해 전력투구해 왔다. 법률과 예산의 범위 밖의 일이더라도 손 놓고 있을 수는 없었다. 지방정부의 선도적 역할을 통해 중앙정부의 정책을 견인하고, 국회에 관련 입법을 제안하는 데 힘썼다. 지난 몇 년 동안 중앙정부와의 관계 때문에 어려움은 많았지만, 불평등 해소에 대한 기조를 한 번도 포기한 적은 없다.

나는 '우리 모두를 위한 경제', 즉 위코노믹스(Weconomics)를 제시하고 실천해 왔다. 이는 기본적으로 서울시 정책 비전이지만, 우리나라 경제 규칙에 관한 새로운 제안이기도 하다. 재벌 대기업에 의존하는 방식으로 우리 경제는 더 이상 성장할 수 없다. 재벌 등 우리 사회 1퍼센트가 부를 독점하고 나머지 99퍼센트는 소외되는 과거 경제체제를 바꿔야 한다. 자동차로 치면 앞바퀴에만 동력을 전달하는 '전륜구동' 방식이 아니라 대기업과 중소기업, 노동과 복지라는 네 바퀴가 골고루 함께 가는 '사륜구동'이라고 할 수 있다. 위코노믹스는 지금 우리나라가 직면한 저성장과 양극화라는 험로를 헤쳐 나갈 수 있는 방식이라고 단언한다.

서울시는 이미 본청과 산하기관에 근무하는 모든 비정규직을 없애겠다는 각오로 정규직화를 추진하고 있다. 국가가 최저임금을 정하는 제약이 주어진 상황에서 서울시는 우선 공공 부문에서 최저임금보다 높은 생활임금을 적용하기 시작했다. 물론 미국과 영국의 많은 공공 부문에서 이미 하고 있지만 우리나라에서는 대도시 차원에서 처음으로 시행했다는 데에 의미가 있다.

서울시는 2014년 3월 전국 지방자치단체 최초로 「근로자 권리보호 조례」를 제정했고, 노동정책의 현장 지원과 근로자 권익을 강화하기 위해 서울노동권익센터를 설치했다. 서울시는 노동자의 경영참여를 지원하기 위해 우리나라에서 처음으로 근로자이사제를 서울시 산하기관에 도입했다.

더불어 서울시는 전국 최초로 초등학교 무상급식을 실시했고, 서울시립대의 등록금을 반값으로 낮추면서 보편 복지의 시대를 열었다. 이미 2년 전에 중앙정부가 시행하는 기초생활보장제도의 문제점을 보완하여 추가적인 생활보장을 제공하는 서울형 기초생활보장제도를 운영 중이다. 서울시는 경제성장의 미명 아래 뒷전이었던 복지정책을 전면으로 이끌어 냈다.

전병유 교수는 사업 쇠퇴 때문에 영세상인이 폐업하면 이들이 실업자가 되거나 저임금 일자리에 진입하여 노동시장에 부담이 되기 때문에 가능한 한 자영업을 유지하는 것이 바람직하다고 했다. 서울시는 골목상권 주인인 자영업자의 안정적인 사업과 경영 개선을 위해 '서울시 젠트리피케이션 종합 대책'을 추진하고 있다. 이밖에 골목상권과 소상공인의 자생력 강화를 위해 창업교육과 컨설팅, 협업화를 강화하는 한편 소상공인에 대한 지원을 추진하고 있다. 또한 사회적기업과 협동조합을 육성하기 위해 사회적경제센터를 운영하고 사회적기업의 제품을 우선적으로 구매하는 등 많은 노력을 하고 있다. 사회적기업은 최저임금보다 많은 급여를 제공하고 4대 보험을 보장하는 등 일반 영세사업자보다 근로자에게 높은 만족도를 주고 있어 충분한 사회적 기여를 하고 있다.

위코노믹스는 불평등을 해소하고 노동소득분배율을 개선하며 재분배를 강조한다. 그리고 내수 기반을 강화해 성장 엔진으로 삼는다는 점에서 '소득주도 성장론'이나 '포용적 성장론'과 궤를 같이 한다. 하지만 위코노믹스는 불평등 문제의 핵심 원인인 재벌을 향한 강력한 개혁 조치를 포함하고 있고 더 나아가 경제적 약자를 정책의 대상이 아닌, 불평등 타파의 주체이자 동력으로 인식한다는 점에서 소득주도 성장이나 포용적 성장과는 다르다. 따라서 중소기업과 소상공인, 노동자의 권리를 강화하고 단결권을 보장해야 한다. 그들의 힘과 협상력을 높일 때만이 불평등하고 불공정한 구조를 근본적으로 변화시킬 수 있기 때문이다.

지금은 정치의 시간이다. 특히 불평등 해소의 정치가 절실히 요구된다. 정부가 시장의 실패를 딛고 불평등을 해소하기 위해 적극적으로 나서야 한다. 물론 쉬운 길은 아니다. 그러나 오래 걸려도 꼭 가야 할 길이다. 촛불로 탄생한 정부이기에 조금 더 과감한 개혁을 해야 한다. 이것은 나의 소망이자 다짐이 될 것이다.

차례

| 2부 | 서울의 새로운 규칙 만들기

1부

한국 경제의 새로운 규칙 만들기

| 1장 |

한국 경제의 현재 규칙*

1. 재벌의 시장 지배
2. 경제의 이중화와 거시경제의 불균형
3. 수출과 부채주도의 성장 체제
4. 자산시장의 불안정성과 자산 불평등
5. 노동시장 이중화와 노동 발언권 약화
6. 취약한 사회안전망
7. 부자 감세

* 1장의 내용은 2017년 책과공간에서 출간된 『한국경제의 새로운 규칙 만들기』(전병유 등저) 일부를 수정 · 보완한 것임.

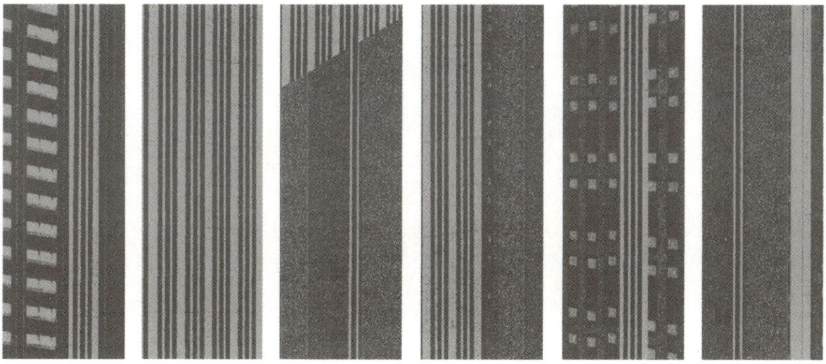

1

재벌*의 시장 지배

4대 재벌로의 경제력 집중 심화

총수 일가가 적은 계열사 지분으로 그룹 전반에 강력한 지배력을 행사하고, 그러한 지배력을 대물림하는 구조를 소위 '재벌 체제'라고 일컫는다.

---

* 재벌이란 주로 가족이나 일가 친척으로 구성된 한국의 기업집단을 말한다. 일본의 자이바쯔와 유사한 개념이다. 한국에서 재벌에 상응하는 정부의 공식 표현은 대규모 기업집단이다. 기업집단은 "동일인이 사실상 사업 내용을 지배하는 회사의 집단"이다. 공정거래법에 따르면, 지분율 기준 또는 지배력 기준으로 기업집단의 범위, 즉 계열사 여부를 판단한다. 대지분율 기준은 동일인이 단독으로 또는 동일인 관련자(특수 관계자 및 계열회사)와 합하여 당해 회사 발행주식(우선주 제외)의 30퍼센트 이상을 소유하는 것이다. 대규모 기업집단에 대해서는 출자 총액 제한, 계열회사 간 순환출자 금지, 무보증 제한, 상호 출자 금지, 금융 · 보험회사 의결권 제한, 기업집단 현황이나 대규모 내부거래, 비상장회사 등의 공시, 지주회사 제도 등의 규제를 받는다.

재벌 체제의 가장 큰 문제는 바로 경제력 집중이다. 재벌 총수는 해당 기업을 넘어서 사회·정치·경제에 막대한 영향력을 행사하고 대마불사(大馬不死)의 논리로 국민경제의 효율성, 공정성, 안정성을 위협한다. 이는 재벌 총수의 재벌 체제 구축이 계열사 상호 간에 환상형 순환출자 구조로 연결되어 있기에 가능했다(김진방, 2012).

계열사 간 순환출자를 통해 형성된 가공 자본과 재벌의 금융 계열사 고객자산은 재벌의 소유 지배구조를 떠받치는 기둥이다. 재벌은 제2금융권을 사실상 장악하고 있다. 2000년에서 2015년까지 30대 기업집단이 보유한 금융·보험 계열사 수는 74개에서 112개로 증가했다(송원근, 2016). 외환 위기 이후 경영 성과 호조, 신규 투자처 미발굴, 경영 환경 불확실성 등으로 증가한 사내유보금은 현금성 자산으로 재벌의 금융권 통제에 활용되었다. 또한 재벌이 보유한 금융자산이 증가하면 금융권은 재벌의 영향력에서 벗어나기 힘들다. 재벌이 보유한 금융권의 자금은 가계로 대출되고, 이는 다시 국민경제에 커다란 영향을 미칠 수 있다(송원근, 2016). 고객자산을 재벌의 지배와 통제에 이용하고 금융 계열사를 '사금고'로 활용할 수 있기에 정부는 '금산분리' 규제를 지금까지 유지하고 있다. 그러나 재벌이 계열사와 거대한 자금 공급을 통해 금융권에 영향을 미치는 상황에서는 기업에 대한 금융의 규제 기능이 제대로 작동할 수 없다(구본성, 2007).

외환 위기 이후 자본시장이 자유화되면서 재벌 대기업에 대한 외국자본의 주식 비중이 크게 증가했다. 더욱이 투기성 자본이 재벌의 취약한 지배구조를 약점으로 활용하여 단기 수익을 극대화하는 경향도 나타났다. 외국자본 증가가 재벌의 지배구조를 개선하기보다는, 재벌 대기업의

그림 1-1 4대 재벌 그룹의 국민경제 비중 추이

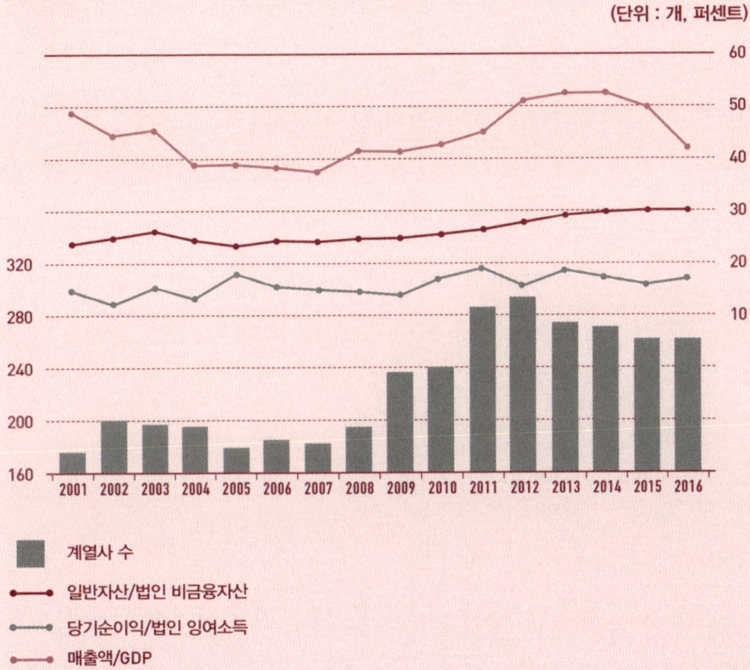

주 : 분자인 일반자산, 당기순이익, 매출액 수치는 해당 연도 4월 1일 자 기준이고, 분모인 법인 비금융자산, 법인 잉여소득, GDP는 전년도 기준임

자료 : 한국은행(http://bok.or.kr), 공정거래위원회(http://groupopni.ftc.go.kr/)

단기적인 수익 추구 성향만을 증대시켰다.

그 결과 재벌 그룹이 국민경제 전체에서 차지하는 비중은 1997년 외환위기 이후 크게 증가했다. 특히 4대 재벌 대기업과 기타 재벌 대기업 간에 차이가 벌어지면서 4대 재벌의 경제력 집중은 더욱 심화되었다(김상조,

2014). 4대 재벌 그룹의 국민경제 비중([그림 1-1])은 법인 비금융자산 대비 일반자산, 국민총생산(GDP) 대비 매출액, 법인 잉여소득 대비 당기순이익 비중 등 모든 수치에서 대체적으로 상승하는 추세다. 그러나 세계 교역량이 축소되는 2012년을 전후로 특히 GDP 대비 매출액이 감소하고 있다. 한편 4대 재벌의 계열사 수도 2000년대 후반에 급격히 증가하다가 2010년대 초반 구조조정의 여파로 줄어들고 있다. 2012년 글로벌 교역량 감소로 대외 수출을 통해 성장을 구가해 온 4대 재벌의 경제력 집중이 다소 완화된 것처럼 보이나 기본적인 추세는 2000년대 이후 4대 재벌에 경제력 집중이 심화된 결과이다.

총수 일가의 지배력 강화 : 소유와 지배 간의 괴리

적은 소유 지분에도 불구하고 총수가 강력한 기업 지배력을 가지는 소위 '총수가치'가 재벌 체제에 존재한다. 총수가치는 주주가치를 해칠 수 있으며 일반 소액주주와 대리인 문제를 불러일으킨다. 외환 위기 이후 재벌에 대한 일련의 개혁을 통해 사외 이사제와 같은 제도가 도입되었다. 그 결과 기업 지배구조의 투명성은 높아졌으나 주주가치와 총수가치가 상호 대립되는 것이 아니라 일종의 암묵적인 타협에 이른 것으로 보인다. 2000년대 세계경제의 호황으로 수출주도적인 재벌 대기업이 기록적인 경영 성과를 거두었을 때도 외부주주는 재벌 대기업의 성과 배분에 큰 불만을 제기하지 않았다(송원근, 2016).

실질적인 지분이 매우 적은 총수 일가는 그룹 전반에 대한 지배력을 확고히 행사한다. 재벌 대기업에 대한 총수 일가의 소유 지분율은 2~6퍼센트에 불과하지만, 계열사의 지분율은 32~63퍼센트에 달한다. 총수 일가는 소수 지분을 갖고도 계열사 지분을 활용하여 그룹 전반을 장악하고 있다. 소수 지분을 가지고 다수의 기업을 지배하기 때문에 소유와 지배의 괴리가 생길 수밖에 없다.

우리나라 재벌 총수는 자신이 보유한 지분의 7~16배 의결권을 행사한다.* 이것이 가능한 이유는 총수가 계열사 간 순환출자로 형성된 내부 지분을 이용하여 그룹 전반을 지배하는 재벌 체제 때문이다. 4대 재벌 중 특히 의결권 승수가 큰 재벌은 SK로 소버린(Sovereign) 사태에서 보듯이 지배구조가 상대적으로 취약하다.

상호 출자의 변종으로서 계열사의 순환출자는 기업 자금을 이용하여 총수 자신의 지배력을 강화하고 경제력 집중, 소유와 지배력 간 괴리를 지탱하는 물적 토대를 이룬다. 이에 대한 비판이 뒤따르자 정부는 순환출자를 해소하기 위한 지주회사 도입을 재벌에게 권장했다. 그 결과 공정거래위원회가 공표하는 대규모 기업집단(재벌)의 순환출자 고리 수는 2013년 4월초 9만 7,658개에서 2015년 12월 말 94개로 크게 줄어들었다. 그러나 우리나라 핵심 재벌인 삼성과 현대자동차는 여전히 순환출자 고리를 가지고 있어 순환출자는 재벌의 총수 지배력을 지탱하는 핵심적인 물적 기반으로 남아 있다.

공정거래위원회에 따르면 지배구조의 투명성을 확보하기 위해 1999년에 도입된 지주회사는 지속적으로 증가하여 2016년 9월 말 162개에 달

---

* 주식의 소유 지분율 대비 의결 지분 비율인 의결권 승수가 7~16배 정도이다.

했고, 대기업 집단 31개 가운데 20개의 지주회사가 설립됐다. 하지만 금융사나 순환출자 보유의 문제를 해결하지 못한 일부 대기업 집단은 지금까지 지주회사로 전환하지 못하고 있다.

LG와 SK의 경우 지주회사로 전환이 자사주 취득, 인적 분할, 주식 교환을 통해 이루어졌다. 이와 같은 방식의 지주회사 전환은 재벌 분가 또는 친족 분리의 수단으로 이용되었으며, 경제력 집중, 소유와 지배력 간의 괴리를 해소하는 것이 아닌 총수 지배력을 강화하는 수단으로 활용되었다. 노무현 정부(2003~2008)에 이어 이명박 정부(2008~2013)가 권장하고 있는 지주회사 체제는 다단계 출자의 변형에 불과하고, 총수의 지배력 강화를 위한 수단이 되었다(김진방, 2012). 지주회사 체제가 총수 일가의 지분 정리, 재벌 2·3세로의 지배권 강화 수단으로 활용된 것이다. 특히 정부가 지배구조 개선을 촉진한다는 명목으로 지주회사의 자회사 출자 요건을 완화해 줌으로써 오히려 경제력 집중을 강화시켰다.

내부거래를 통한 일감 몰아주기 : 경영권 세습을 위한 부의 이전

재벌은 기본적으로 혈연 기반의 기업 조직이다. 삼성은 에버랜드 불법 전환사채 발행을 통해 3세 이재용에게 경영권을 승계하려고 했으나 발각되어 이건희 회장은 법적인 처벌을 받았다. 그러나 역설적이게도 삼성은 재산권 측면에서 부의 상속을 인정받았다. 다른 재벌도 마찬가지로 2·3세 지배력 강화를 위해 여러 가지 묘안을 강구하고 있다.

소유와 지배력 간의 괴리가 심한 재벌에서 나타나는 대리인 문제 중 가장 심각한 것이 소액주주의 부가 총수 일가로 이전되는 '빼돌리기'(tunneling)이다. 빼돌리기는 총수 일가의 지분이 높은 기업으로 부를 이전하는 부당 내부거래를 통해 경영자 또는 지배주주가 기업의 재산과 수익을 독차지하는 것을 일컫는다(김진방, 2012). 이는 그룹 전반의 이익을 위해 그룹 내 자원과 위험을 공유하는 우량 계열사가 부실 계열사를 지원하는 계열사 간 상호 지원(propping)과는 성격이 다르다. 외환 위기 이후 계열사 간 내부거래는 일감 몰아주기를 통해 비용을 적게 들여 계열사의 경영권과 부를 상속하는 수단으로 변질되고 있다. 한편 이러한 내부거래를 통한 일감 몰아주기가 중소·중견기업의 사업 영역을 침범하여 내수시장이 구축(crowding out)되는 결과도 나타났다(임영재, 2015).

공정거래위원회의 '2016년도 대기업 집단 내부거래 현황' 자료에 따르면, 2015년 총수 일가의 일감 몰아주기 규제를 받은 147개사의 내부거래액이 8조 9000억 원으로 2014년과 비교하여 1조 원이 증가했다. 또한 내부거래 비중도 2014년 11.4퍼센트에서 12.1퍼센트로 0.7퍼센트포인트 높아졌다. 그러나 규제 대상 기업 수가 2014년 159개에서 2015년 147개로 감소했기 때문에 기업당 내부거래액은 497억 원에서 605억 원으로 22퍼센트나 상승했다. 이는 일감 몰아주기에 대한 정부의 규제에도 불구하고 내부거래가 늘어나고 있다는 것을 시사한다.

[표 1-1]에서 보듯이 지분율이 높을수록 내부거래 비중이 높아진다. 2015년 기준으로 재벌 2세의 지분이 30퍼센트 이상, 50퍼센트 이상, 100퍼센트인 기업의 내부거래 비중은 각각 23.1퍼센트, 25.5퍼센트, 59.4퍼센트로 총수 일가가 지배하는 재벌 그룹의 기업보다 약 1.5배 이상 높다. 이 수치를 통해 재벌이 부의 이전이나 경영권 세습을 위해 일감

표 1-1 대기업 집단의 내부거래 현황

(단위 : 퍼센트)

	20퍼센트 미만	20퍼센트 이상	30퍼센트 이상	50퍼센트 이상	100퍼센트
2013	13.1	9.2	15.7	19.0	37.5
2014	13.5	7.6	10.0	13.9	29.2
2015	12.2	9.0	11.3	16.5	34.6
총수 2세	–	12.5	23.1	25.5	59.4

주 : 지분율 기준

자료 : 공정거래위원회 보도자료

몰아주기를 활용하고 있음을 확인할 수 있다.

재벌 대기업에 대한 지원과 혜택

정부와 국민의 전폭적인 지원으로 재벌은 우리나라 경제성장의 초석을 다지고 기업의 성장을 통해 고용을 창출해 왔다. 최근까지도 재벌은 정부의 지원을 받고 있지만 이에 상응하는 사회적 책임은 다하지 못하고 있다. 1990년대 중반 이래 재벌 대기업의 고용창출 성과는 미미해졌고, 정경 유착을 통한 사적인 지대 추구 행위는 사라지지 않고 있다.

그럼에도 재벌 대기업은 정부가 지원하는 대부분의 연구개발사업을 가져가고 있고(연구개발 투자 세액공제 혜택), 이들이 사용하는 산업용 전기요금은 원가 이하로 책정되고 있다. 인위적인 원화의 평가절하로 대기업이 받은 혜택은 수십 조 단위라고 평가된다. 특히 2008년 시행된 법인세 인하는 정부가 대놓고 대기업을 지원한 정책이다. 당시 세법 개정을 통해 이명박 정부는 명목 법인세 최고세율을 25퍼센트에서 22퍼센트로 낮췄다. 기업은 투자 세액, 고용창출 세액, 연구개발(R&D), 외국 납부 세액 등에서 공제를 받는다. 이를 고려하여 기업이 실제로 내는 법인세율을 실효세율이라고 하는데 상호출자제한기업의 경우 2008년 20.0퍼센트에서 2013년 15.8퍼센트로 줄어들었다. 다만 2014년에 약간 증가했는데 이는 2012년, 2013년 세법 개정*에 따른 효과로 볼 수 있다.

일반적으로 법인세는 누진과세이므로 외환 위기 이후 고성장을 거듭한 재벌 대기업이 더 많이 납부할 것으로 예상되지만 실상은 그렇지 않다. 실효세율로 보면 재벌 대기업은 중소기업보다 높지 않다. 삼성전자, 현대자동차 등 수입금액 기준 상위 10대 기업과 중소기업의 법인세 실효세율이 이명박 정부의 감세 조치로 각각 2008년 18.7퍼센트와 17.2퍼센트에서 2014년 12.9퍼센트와 12.5퍼센트로 낮아졌다. 상위 10대 기업의 법인세율은 중소기업이 부담하는 세율과 별 차이가 없다. 또한 상위 10대 기업의 실효세율은 상위 100대 기업과 상위 1,000대 기업보다 낮다. 상호출자제한기업의 실효세율은 상위 100대 기업과 유사한 수준이다([표 1-2] 참조). 이는 실효세율의 역진 현상이 발생하여 매출액 규모가 작을수록 세부담이 더 크다는 것을 시사한다. 따라서 조세 형평성 문제가

* 대기업 고용창출투자 세액 기본공제 축소 및 최저한 세율 인상(2012년 14퍼센트 → 16퍼센트, 2013년 16퍼센트 → 17퍼센트).

표 1-2 법인 유형별 실효세율 및 감면율 추이

(단위 : 퍼센트)

구분		2008	2009	2010	2011	2012	2013	2014
실효세율	대기업 집단	20.0 (21.1)	19.8 (20.9)	16.0 (17.6)	16.3 (17.5)	16.2 (18.3)	15.8 (18.0)	16.2 (18.7)
실효세율	10대 법인	18.7 (20.2)	16.3 (19.0)	11.4 (16.1)	13.0 (15.0)	13.0 (15.9)	12.3 (15.6)	12.9 (17.0)
실효세율	100대 법인	20.9 (21.9)	20.4 (21.5)	16.7 (18.3)	16.8 (17.8)	17.5 (18.9)	16.2 (18.4)	16.0 (18.7)
실효세율	1,000대 법인	21.4 (22.1)	20.8 (21.7)	17.6 (18.8)	17.6 (18.5)	17.8 (19.3)	17.2 (18.9)	17.2 (19.2)
실효세율	중소기업	17.2	15.3	13.1	13.2	13.3	12.3	12.5
공제 감면율	대기업 집단	25.1	26.2	37.1	35.1	35.5	37.8	35.1
공제 감면율	중소기업	30.2	32.1	37.0	34.5	33.2	32.2	30.7

주 : 1) 괄호 안의 수치는 외국 납부 세액공제 제외 기준임

2) 기업규모는 수입금액 기준임

자료 : 오제세 의원실 보도자료(2015) 재구성 및 국세통계연보

제기될 수밖에 없다.

총 부담 세액 대비 공제 감면액의 비율인 공제 감면율의 경우 대기업 집단은 2008년 25.1퍼센트에서 2014년 35.1퍼센트로 10.0퍼센트포인트 상승했다. 반면 중소기업은 2008년 30.2퍼센트에서 2014년 30.7퍼센트로 0.5퍼센트포인트 상승했을 뿐이다([표 1-2] 참조). 국제적 이중과세 방지를 위한 외국 납부 세액공제나 투자 및 연구개발 관련 세액공제에서 재

벌 대기업의 비중이 매우 높기 때문에 이런 현상이 발생한 것이다.

재벌 대기업의 실효세율이 상대적으로 낮은 이유 중 하나가 바로 이들 기업에 집중된 각종 공제 감면 때문이다. 2015년 국세통계연보에 따르면 2014년 기준 55만 472개 총 신고 법인의 0.32퍼센트 정도에 불과한 1,764개 대기업 집단이 총 부담 세액의 40.0퍼센트를 차지했다. 이 중 543개 기업의 공제 감면 세액(외국 납부 세액공제를 포함)은 4조 9757억 1400만 원으로 총 공제 감면 세액(8조 7400억 1000만 원)의 56.9퍼센트 정도에 이른다. 이점에서 재벌 대기업은 막대한 공제·감면의 이득을 향유하고 있음을 알 수 있다.

재벌 대기업은 사실상 국내시장 독점뿐만 아니라 정부의 금융 세제 등의 지원을 받아 왔다. 정경 유착으로 얼룩진 재벌의 성장에는 우리나라 경제발전의 공과가 아로새겨져 있다. 국제경제자문위원회(CEA)(2016)는 기업 이윤 증가와 실질 이자율 하락이 나타나 이들 간에 비수렴이 발생하는 것을 경제적 지대가 창출되는 증거로 본다. 경제적 지대가 없다면 기업 이윤은 일반적으로 경제 내 자본에 대한 적정 수익을 반영하는 이자율의 경로를 따를 것으로 예상된다.

미국은 외환 위기 이후 기업 이윤이 증가했지만 이자율은 떨어졌다([그림 1-2] 참조). 기업 이윤의 일부는 자본에 대한 '순수한' 보수가 아니라 경제적 지대 증가를 반영한 것으로 볼 수 있다. 이자율과 기업 이윤 간의 비수렴은 투자 위험에 대한 보상 등 여러 요인으로 설명될 수 있지만, 이러한 비수렴의 확대를 완전히 설명할 수는 없다(Council of Economic Advisers, 2016). 이 점에서 보면 지대 창출이 경제 전반의 불평등 강화 요인으로 작용하고 있음이 확실하다. 외환 위기 이후 재벌 대기업의 고성

그림 1-2 미국의 이자율과 법인 잉여 추이

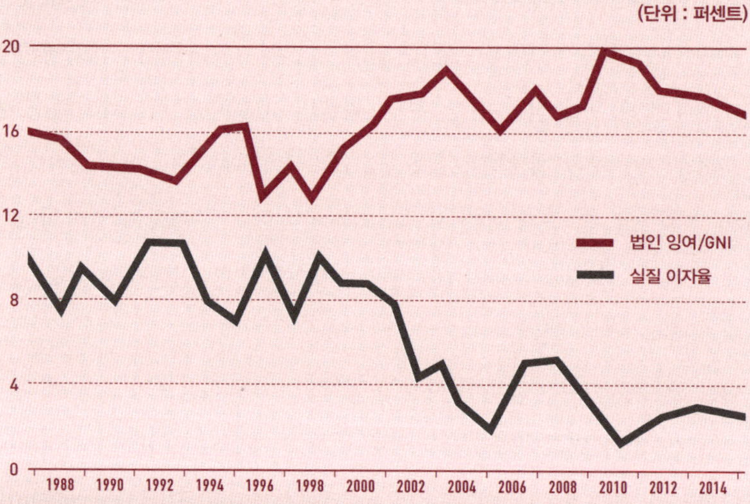

자료 : 한국은행

장이 우리나라 경제에서 자본소득의 증가를 추동했고 결과적으로 기업 이윤과 이자율의 비수렴 현상을 일으켰다.

2

경제의 이중화와 거시경제의 불균형

대·중소기업 간 생산성과 이윤율 격차

우리나라 사회의 불평등을 심화시킨 중요한 요인 가운데 하나는 경제의 이중화(dualization)이다. 대기업과 중소기업 간 경제규모의 격차가 커지고 대·중소기업 간 상호 연계와 이동이 약화된 것이다. 통계청의 『한국의 사회동향 2016』에 따르면 중소기업의 노동생산성 수준은 2000년 대기업의 36.6퍼센트 수준에서 2009년 28.8퍼센트까지 떨어졌다가 2014년 29.5퍼센트 수준에 머물러 있다. 중소기업의 노동생산성 수준이 70퍼센트를 넘는 핀란드와 노르웨이, 60퍼센트 수준을 넘는 영국이나 독일,

40퍼센트를 넘는 미국이나 일본과 비교해도 우리나라 중소기업의 노동생산성은 낮은 수준이다.

중소기업의 노동생산성이 대기업에 비해서 낮은 것은 중소기업의 종업원 1인당 물적 자본과 인적 자본의 크기가 상대적으로 낮기 때문이기도 하다. 하지만 대기업의 독점적이고 불공정한 시장 거래 관행으로 중소기업의 낮은 이윤율이 더 낮춰졌기 때문이기도 하다. 대기업의 영업이익률(영업이익/매출액)은 5퍼센트 수준이지만, 중소기업은 3퍼센트 수준에 그치고 있다. 대기업의 하청업체는 '마의 3퍼센트 늪'에 빠져 있다고 한다. 우리나라 대표 기업인 삼성전자의 2013년 영업이익률은 13.8퍼센트였지만, 삼성의 협력 하청업체의 평균 영업이익률은 4.2퍼센트에 불과했다. 그리고 현대자동차의 2011년부터 2013년까지 영업이익률은 9.6퍼센트였지만, 하청업체의 평균 영업이익률은 5.2퍼센트에 불과했다(이항구, 2015).

중소기업의 경우 '낮은 이윤율 → 낮은 투자율 → 낮은 생산성 → 낮은 임금 → 낮은 질의 인력'의 악순환에 빠져 있다. 반면 대기업의 초과이윤은 막대한 사내유보로 축적되고 있지만 투자와 배당, 임금 인상으로 이어지지 못하고 있어 내수 위축과 저성장의 원인이 된다.* 또한 기업 간 생산성과 이윤율 격차는 '고용 없는 성장'을 유발한다. 더 많은 자원을 할당받은 대기업은 생산이 증가한 만큼 고용을 늘리지 않고, 더 적은 자원을 할당받은 중소기업은 낮은 이윤율 때문에 고용을 늘릴 여력이 없다. 대·중소기업 간 임금 격차의 확대와 함께 고용 없는 성장은 가계소득의 불평등

* 통계청, 2016, 기업규모 및 원하청에 따른 노동 일터의 격차와 불평등, 한국의 사회동향, 2016.

으로 이어진다.

시장경제에서 이윤율 차이가 나는 것은 대기업의 독점적 시장 지위와 대·중소기업 간 불공정거래가 존재한다는 것을 의미한다. 많은 중소기업이 독립적인 전문 기업이라기보다는 대기업으로부터 일감을 수주하는 원하청 하도급 관계로 얽혀 있다. 정부는 수출 경쟁력을 확보하기 위해 대기업과 하청업체의 수직 계열화를 유도했고 그 과정에서 대기업은 하청업체의 원가를 관리하고 중소기업의 기술에 관한 자료도 미리 받아볼 수 있다. 대기업의 수요독점적 시장 지위와 일방적인 교섭력 우위는 납품단가의 지속적 인하를 가져왔다. 또한 중소기업 기술과 인력의 탈취나 편취*로 불공정거래 행위**를 만연시켰고 건전한 산업 생태계 형성을 저해하고 있다. '대기업의 납품단가 인하 → 중소 하도급 업체의 채산성 악화 → 투자 여력 하락과 임금 하락 → 경쟁력 악화'라는 악순환 구조가 형성된 것이다.

따라서 대·중소기업 간 격차의 문제는 단순히 중소기업의 물적, 인적 자본 투자에 대한 금전적 지원 방식만으로는 해결될 수 없다. 그렇기 때문에 대기업의 불법, 부당행위에 대한 철저한 법적 규제와 중소기업의 집단교섭력 제고가 무엇보다 필요하다.

---

* 탈취는 타인의 의사에 반하여 재물을 취득하는 것이며, 편취란 타인의 '흠이 있는 의사'를 이용하여 재물을 취득하는 것이다. 이른바 '흠(하자) 있는 의사'란 자유로운 분위기가 보장된 의사가 아니라, 속임수와 공갈 등에 의하여 이루어진 의사 표시이다.

** 대·중소기업 간 불공정거래는 제조업이나 건설업뿐만 아니라 IT, 유통 등 서비스업에 이르기까지 매우 광범위하고 다양한 형태로 나타나고 있다. 제조 하도급에 대한 부당한 납품단가 감액 행위, 대기업의 설계 변경에 기인하는 추가 비용 미지급 행위, 유망한 중소기업에 구매 계약을 해주는 대가로 기술정보 공개를 요구하거나 입찰 과정에서 발표된 중소기업을 편취하는 행위, 건설 하도급 업체에 추가 공사비를 정산하지 않는 행위, 대형유통점의 납품 업체에 대한 부당한 반품 행위, 대리점 업계의 밀어내기 판매 강요, 계약서 없는 발주와 발주 취소, 이면 계약서 작성, 계약조건 변경 요구 등이 이에 해당한다.

대내적 산업연관의 약화와 사라진 낙수 효과

낙수 효과란 대기업의 매출 증가가 투자로 이어지고 이것이 중소기업 매출과 가계소득 증가로 이어져 내수가 확대되는 것을 의미한다. 우리나라 경제에서는 낙수 효과가 약화되고 있다. 대·중소기업 간 긍정적인 연계 약화와 대·중소기업 간 격차 확대는 동전의 양면이라 할 수 있다. 대기업의 성과 향상이 중소기업의 성과 향상으로 이어지지 못하는 것이다.

우리나라는 제조업의 부가가치 비중이 GDP 대비 30퍼센트가 넘는 제조업 중심 국가이다. 따라서 생산 동향을 나타내는 산업연관도가 미국과 같이 제조업이 약한 국가들에 비해 높은 편이다. 제조업의 부가가치 비중이 지난 20여 년간 감소하지 않았고 따라서 산업연관도는 증가했다. 하지만 국산 연관도는 감소했다(이건우·하봉찬, 2013). 국산 중간재와 수입 중간재를 모두 포함하는 전 산업 총 연관도*는 분석 기간 1990년에서 2012년 동안 상승했다. 그러나 국산 연관도는 2005년을 정점으로 하락했고, 최종 수요의 국내 중간재 연관도도 감소했다.** 이는 수출 대기업이 중소기업보다 저렴한 노동력, 중간재를 제공하는 해외 파트너사와의 협력 등을 통해 제조업의 부가가치를 증대해 왔음을 시사한다.

최근 국회에서 공개된 수출입은행의 비공개 연구보고서 「수출의 국

---

* 전 산업 총 연관도(Aggregate Linkage Measure)는 최종 수요의 산업별 구성이 주어진 상태에서 최종 수요 한 단위를 충족시키기 위해 필요로 하는 중간재 산출량으로 계산되며, 산업 전체의 동시적 상호 연관의 정도를 나타낸다. 전 산업 총 연관도가 상승하는 것은 다른 조건이 같은 한 소득과 고용창출이라는 측면에서 바람직한 방향으로 산업구조가 변화하는 것이라고 해석할 수 있다(이건우·하봉찬, 2013).

** 최종 수요의 국내 중간재 수입 집약도를 비교해 보면, 한국(25.5퍼센트)과 중국(19.0퍼센트)이 가장 높고 미국(6.6퍼센트)과 일본(6.9퍼센트)이 가장 낮다(이건우·하봉찬, 2013).

민경제 파급 효과 분석 시사점과 정책 과제」*에 따르면, 2000년 이후 수출 대기업의 매출액 1퍼센트 증가에 따른 하청업체의 매출액 증가는 1차 하청업체가 0.5퍼센트, 2차 하청업체가 0.05퍼센트, 3차 하청업체가 0.005퍼센트 수준이다. 이는 낙수 효과가 매우 미미하다는 것을 의미한다. 이 보고서에서는 낮은 낙수 효과의 원인으로 글로벌 외주화 증가, 부당한 납품단가 인하 요구 반복, 하도급 기업 간 경쟁 심화 등을 들고 있다. OECD 통계에 따르면 우리나라 수출에서 국내 부가가치가 차지하는 비중은 2011년 58.3퍼센트로 소규모 교역 국가인 싱가포르, 대만과 비슷한 수준이며, OECD 평균 75퍼센트와는 현저한 차이가 난다. 이 수치는 1995년 77.7퍼센트에서 계속 감소하여, 2000년 70.2퍼센트, 2005년 70.0퍼센트, 2011년 58.3퍼센트까지 감소했다.

우리나라 수출은 대기업 주도로 이루어지고 있다. 하지만 수출이 고용과 혁신에 기여하는 정도는 계속 감소하고 있다. 수출 제조업의 생산액 비중과 1인당 영업이익 등은 확대됐지만, 고용은 늘지 않았다. 수출 제조업에서는 대규모 사업체의 생산액 비중이 60퍼센트가 넘은 반면 비수출 제조업에서는 중소규모 사업체의 생산액 비중이 90퍼센트에 육박했다. 반면 고용 측면에서는 수출 제조업에서 대규모 사업체의 고용 비중이 25퍼센트 미만이고, 중소규모 사업체의 고용 비중은 70퍼센트대로 매우 높다. 수출 대기업의 성과가 고용 확대로 이어지지 않는다는 것이다. 더불어 수출의 총요소생산성(Total Factor Productivity)도 감소한 것으로 분석된다. 대기업-수출주도 성장 체제가 우리 경제의 혁신과 생산성 향상에 기

* 이 보고서는 수출입은행이 발주했고 중소기업연구원이 연구 수행했다. 5만여 개 회사의 판매처별 판매액과 재무 정보가 담겨있는 한국기업데이터(주)의 14년간 기업정보 DB를 통해 분석했다.

여하지 못하고 있음을 시사한다(송영관, 2015).

한편 낙수 효과와 대내적 연관 효과의 약화는 경기순환 주기의 단기화를 초래한다. 2000년대 이후 경기순환은 수출과의 연관성이 더욱더 높아졌지만 경기상승 여력이 과거에 비해 약해지면서 경기순환 주기가 단축되고 있다. 수출 호조에 따른 경기상승을 소비나 투자 등 내수로 연결시키지 못하면서 경기상승세가 쉽게 꺾이고, 경기순환 주기의 단축이 저성장과 맞물리면서 경제주체들이 경기상승을 체감하지 못하고 있다. 낙수 효과 약화의 또 다른 모습이라고 할 수 있다.

기업으로의 소득 집중 : 기업과 가계 간 소득 격차 확대

최근 우리나라 경제에서 기업과 가계의 소득 격차는 OECD 최고 수준으로 나타나고 있다. 국민총소득(GNI) 대비 기업소득의 비중을 보면 2014년 OECD 평균은 18.9퍼센트였지만, 우리나라는 25.1퍼센트에 달했다. 1995년에 이 수치는 18.1퍼센트로 OECD 평균과 유사한 수준이었으나 2000년 이후 급격히 커졌다. 그 이전에는 국민소득이 늘어나면 가계소득과 기업소득이 비슷하게 늘어났다. 이러한 기업과 가계의 소득 격차는 생산성 증가율에 미치지 못하는 임금 상승과 자영업자의 소득 감소에 기인한다.

무엇보다 임금이 전체 소득과 생산성(1인당 부가가치) 증가율을 따라가지 못하고 있다. 이른바 임금 없는 성장이자 노동분배율의 하락이다. 2007~2012년 상용근로자 기준 전 산업의 실질임금이 2.8퍼센트 감소

그림 1-3 **노동분배율 추이**

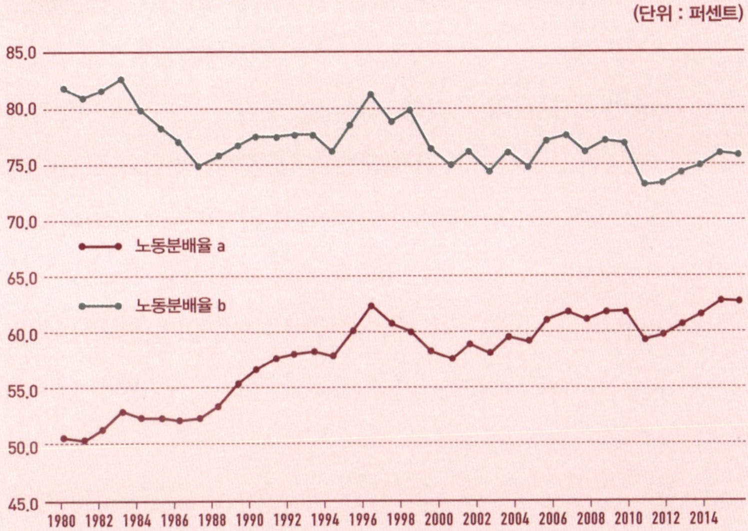

주 : 노동분배율 a = 한국은행 발표 노동분배율 = (피용자 보수/요소 비용 국민소득)×100

노동분배율 b = [{피용자 보수 + (피용자 보수/임금근로자 수×비임금근로자 수)}/요소 비용 국민소득]×100

자료 : 한국은행, 통계청

한 반면, 실질 노동생산성(실질 국내총생산/취업자 수)은 9.8퍼센트 증가한 것으로 나타났다(박종규, 2014). 특히 글로벌 금융 위기 이후 실질임금은 노동생산성을 따라가지 못하고 계속 정체되고 있다.

국민소득에서 피용자 보수가 차지하는 비중을 나타내는 노동분배율은 한국은행 방식으로 계산할 경우 1990년대 이후 정체되는 것으로 나타난다. 그러나 한국은행 방식의 노동분배율은 자영업자 소득의 전부를 자본소득으로 간주하므로, 자영업 비중의 감소를 고려하지 못한다는 한계를 가진다. 즉 자영업 비중의 감소가 이윤 감소로 나타나게 된다. 자영업자의 평균소득이 임금근로자의 평균임금과 동일하다는 가정하에 자영업소득 중 노동소득 부문을 계산하여 노동소득에 포함할 경우 노동분배율은 1990년대 중반 이후 하락 추세를 나타내고 있다. 이는 영세 자영업자의 소득이 더 빠르게 감소하고 있기 때문이다. 피용자 1인 평균소득 대비 자영업자 1인당 소득 비율이 1997년 외환 위기 이전에는 1 이상이었지만, 2007년에는 0.8 이하로 감소했다가 이후 정체 상태이다.

이러한 기업으로의 소득 집중은 기업의 저축을 늘리고 가계의 소비 여력을 줄이는 결과를 초래했다. 기업 저축이 투자로 이어지지 않으면서 투자와 소비 감소, 즉 내수 감소로 이어졌다.

2000년대 초반 100조 원을 넘지 않던 기업의 사내유보액(이익잉여금)은 2015년 983조 원으로 자산 총액 대비 비중이 22.8퍼센트에 달했다. 대기업의 경우 783조 원으로 27.8퍼센트였다. 재벌닷컴* 자료에 따르면 10대 재벌 그룹 상장회사의 사내유보금은 2016년 550조 원으로 금융 위기 직후인 2009년 271조 원보다 두 배 넘게 증가했다. 이윤이 일정액을 넘는 초과 사내유보금에 대해서 추가 과세를 하던 적정유보 초과소득에 대한 법인세 과세제도**를 2001년 폐지한 것도 대기업의 사내유보금 증가에 기여했다. 이 제도가 사내유보를 억제함으로써 기업 투자를 저해한다는

---

* http://www.chaebul.com/

** 이 제도는 1991년에 도입되어 2001년에 폐지되었다. 과세 대상인 초과소득은 각 사업연도 유보소득에서 적정유보소득을 빼서 산출했다. 세율은 1991년 25퍼센트였으나 1994년 15퍼센트로 인하되었으며, 비상장 법인 중에서 자기자본 100억 원 초과 법인 또는 대규모 기업집단에 속한 법인에 부과되었다. 적정유보소득은 각 사업연도의 소득 금액에서 법인 세액, 주민세액, 법정 적립금을 공제한 금액의 40퍼센트에 상당한 금액이다.

것이 폐지 이유였지만, 오히려 투자를 저해하는 요인으로 작용했다. 또한 2008년 이명박 정부가 법인세 최고세율을 25퍼센트에서 22퍼센트로 낮추고 과세표준 금액도 변경하는 방식으로 세 차례에 걸쳐 감세 정책을 단행한 것도 사내유보를 증가시킨 중요한 요인이었다.

2013년 정부가 기업소득을 가계로 환류하기 위해 기업의 사내유보금을 과세하는 방안*을 추진했음에도 사내유보금이 계속 늘어나고 있다. 이 제도 도입에 대해 대기업은 임금이나 투자보다는 자사주 취득 등으로 대응하고 있어 실질적인 가계소득 증가로 이어지지 못했고, 정부가 업무용 부동산을 매입한 경우에도 투자로 인정됨으로써 실질적인 투자로 이어지지 못했다.

수출과 내수의 불균형

기업으로의 소득 집중과 가계소득의 위축은 당연히 소비 위축으로 이어졌다. 1990년대 중반 이후 우리나라 경제는 대기업 중심의 수출주도형으로 성장했지만 투자와 소비 등 내수는 크게 위축되었다. 여기에 고령화의 진전, 부동산시장의 불확실성, 소득 불평등의 심화 등으로 소비성향이 크게 감소했다. 소비 증가율이 경제성장률을 하회하면서 소비의 성장 기여도가 크게 줄어들었다. 평균 소비성향도 2015년 72.4퍼센트로 전국 1인

---

* 기업소득 환류 세제는 박근혜 정부에서 기업소득을 가계로 환류하고자 하는 목적으로, 자기자본 500억 원을 초과(중소기업 제외)하는 대기업 집단 소속의 기업이 해당 사업연도에 증가한 사내유보금을 투자·임금·배당으로 사용하지 않으면 기준 미달액의 10퍼센트를 추가로 과세하는 제도이다.

이상 가구를 모두 조사한 2006년 이래 최저치를 기록했다.

투자의 경우에도 1997년 외환 위기 이후 국내 총고정자본 형성이 정체되었고, 2000년대 중반 이후 해외 직접투자가 큰 폭으로 증가하면서 더욱 위축되었다. 소비와 투자 부진은 내수 위축을 의미하고, 이는 내수에 기초한 중소기업과 자영업의 소득 감소로 이어져 다시 소비와 투자 부진을 초래하는 내수의 악순환 구조가 고착화되었다. 2012년 이후에는 수출마저 부진해지면서 경제성장률이 3퍼센트 이하로 떨어져 저성장 국면으로 진입했다.

3

수출과 부채주도의 성장 체제

2차 수출주도 성장 체제의 위기

우리나라 경제는 기업을 지원하여 경제규모를 키우는 공급 중심의 성장 체제였다. 공급을 받아 주는 수요의 원천은 수출과 수출 관련 투자였다. 1980년대 중반에서 1990년대 초반까지 짧은 기간 동안 수출 비중이 감소하는 현상을 경험했지만 1992년 중국과 수교에 따른 교역 확대, 자본 시장의 개방, 1996년 OECD 가입 등을 계기로 수출이 급속히 확대되면서 수출 의존성이 강화되었다. GDP 대비 수출 비율은 1990년대 초반 20퍼센트대에서 2015년 50퍼센트 이상으로 증가했다. 미국, 일본, 중국의

그림 1-4 제조업 비중과 무역 의존도 추이

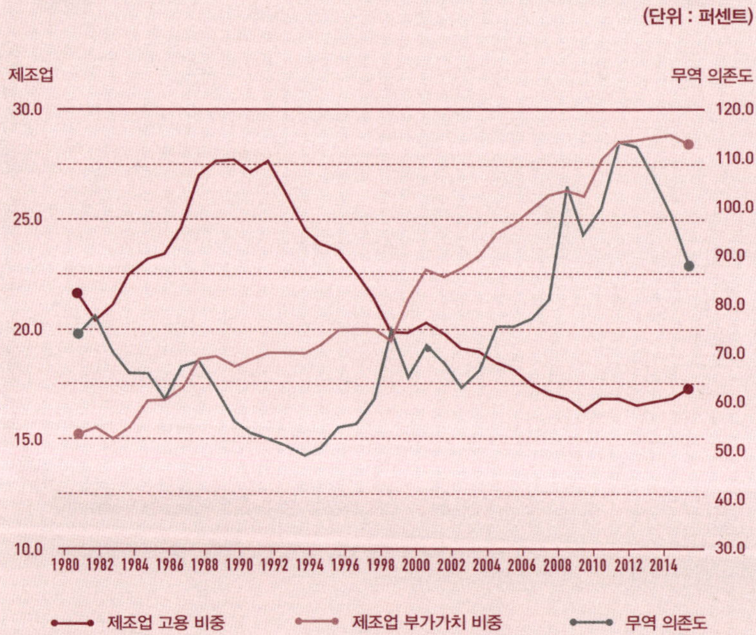

주 : 1) 제조업 고용 비중과 제조업 부가가치 비중은 왼쪽 수치(10~30퍼센트) 기준으로 작성하였고, 무역 의존도는 오른쪽 수치(30~120퍼센트) 기준으로 작성하였음

2) 무역 의존도 = GNI 대비 수출입 비율 = ((수출 총액+수입 총액+국외 수취 요소소득+국외 지급 요소소득)÷GNI)×100, 2010년에 개편된 국민 계정 기준 자료를 사용한 것이며 최근 연도는 잠정치임

자료 : 통계청, 국가 통계포털(kosis.kr), e-나라지표

비율이 각각 12퍼센트, 15퍼센트, 25퍼센트로 OECD 국가의 평균 비율도 25퍼센트에 불과하다는 점에서 극단적인 수출주도 성장 체제라 할 수 있다. 특히 대기업 집단의 수출 비중은 70퍼센트 이상이다. 1960년대 이

래 20여 년간 대미 수출에 의존하는 성장 체제를 1차 수출주도 성장 체제라고 한다면 1990년대 중반 이후 중국 수출을 기반으로 한 성장을 2차 수출주도 성장 체제라고 할 수 있다.

2차 수출주도 성장 체제는 제조업 대기업 주도의 조립형 생산 체제와 동아시아 생산 분업 구조라는 지정학적 조건에 기반을 둔다. 즉 경제성장의 수요 기반을 내수(소비나 투자)가 아닌 수출에 의존한다는 측면에서 수출주도 성장 체제라고 할 수 있지만, 공급 측면에서는 자동화와 외주화(outsourcing), 그리고 그에 따른 숙련·노동의 배제를 특징으로 하는 조립형 산업화의 공급 체제라고 할 수 있다(전병유·정준호, 2015).

1990년대 초반 우리나라 대기업들은 세밀하고 정교한 인적자원 관리와 숙련의 형성, 협력적 노사관계 구축이라는 어려운 길을 선택하지 않았다. 1987년 노동자 대투쟁으로 임금이 상승하고 노동조합이 대기업을 중심으로 형성되었지만, 대기업은 이에 대응하여 노동의 숙련과 생산성 향상 전략으로 임금-숙련-생산성의 선순환 구조를 형성하는 데 실패했다. 이는 노동조합을 인정하지 않고 협력의 파트너로도 간주하지 않는 기업 전략이 지속되었기 때문이다. 다른 한편으로는 급속히 성장하고 있는 중국을 비롯한 개도국들의 광대한 시장이라는 탈출구가 있었기 때문이다. 대기업은 고숙련 인력 형성과 협력적인 노사관계에 기초한 모델을 기피했다. 대신 숙련과 노동을 대체하기 위한 자동화를 급속히 추진했다. 제조업 취업자 1만 명당 산업용 로봇의 수는 2013년 350대를 넘어 급기야 일본을 추월하게 되었다. 제조업의 자동화 수준은 세계에서 가장 높은 수준을 달성했으며 기업 내 많은 부분을 외주화하여 보유 인력을 최소화했다.

2차 수출주도 성장 체제의 또 다른 특징은 중국을 포함한 개도국으로의 수출 비중 증가와 수출 품목 집중화이다. 지역은 미국 중심에서 개도국으로 다변화됐지만 품목은 집중화되었다. 수출 품목 다변화로 경제성장을 이룸에 따라 여러 산업이 세계적 경쟁력을 얻어 가는 과정이라고 볼 때, 품목 집중은 수출의 대내적 연관도의 체계적 하락, 즉 연관산업 발전에 기여하지 못했음을 의미한다(송영관, 2015).

이러한 2차 수출주도 성장 체제도 2013년 이후 위기에 직면하고 있다. 이는 글로벌 금융 위기 이후 세계 경제성장률과 무역 증가율이 크게 감소하고, 중국의 성장률 목표치가 한 단계 낮아지고 있기 때문이다.

부채주도 성장 체제의 한계

정부의 기업 지원을 통한 수출주도형 공급주의 성장 체제는 대외 여건 변화에 매우 취약하다. 대외적 불확실성 때문에 수출주도 성장 체제는 수요 안정성을 보장받지 못한다. 이러한 수출주도 성장 체제가 가지는 불안정성을 보완하기 위한 것이 건설 투자와 개인의 부동산 구입에 기초한 내수 정책이다. 즉 건설을 중심으로 하는 개발주의 경제정책과 외환 위기 이후 본격화된 개인부채를 통한 부동산 투자로 내수를 부양하는 정책이다. 수출 부진에 따른 경기부진의 조짐이 보일 때마다 정부는 규제 완화를 통해 건설 경기부양을 추진했으며, 외환 위기 이후 금융기관은 부동산 매입을 지원하는 개인금융에 집중했다(정준호·전병유, 2015).

2015년 삼사분기에서 2016년 이사분기까지 경제성장률은 3.0퍼센트

였는데, 건설 부문의 기여는 1.2퍼센트로 전체 성장률의 40퍼센트를 차지하고 있다. 2014년 기준 건설업 비중은 17퍼센트로 OECD 평균 10퍼센트에 비해서도 매우 높은 수준이다(강두용·민성환, 2016).

그러나 2008년 이후 개인부채에 의한 부동산 투자로 국내 수요 부족을 대체하는 데는 한계가 있는 것으로 나타나고 있다. 최근 들어 개인부채는 수요 증가로 이어지지 않고 있다. 부동산과 금융자산의 가격 조정이 이루어지면서 자산 가치 상승의 소비 효과는 거의 사라지고 있다. 부채가 있는 가구의 경우 부동산자산 증가는 오히려 소비 감소 요인으로 작용한다(김영식·최성호, 2014). 가계부채 증가는 중·고소득층을 중심으로 소비 위축을 초래하여 경기 안정에도 부정적으로 작용한다. 중·고소득층의 가계부채 비율이 빠르게 상승하면서 그들의 평균 소비성향은 2000년대 중반 이후 하락하는 모습을 보인다. 특히 가구의 평균 소비성향은 주택 소유 가구가 비소유 가구에 비해 더 크게 하락했으며 주택 소유 가구 중에도 저소득 고령층 가구의 평균 소비성향이 상대적으로 더 크게 하락한 것으로 나타났다(신원섭·이원기, 2011).

건설 부양과 부채 확대를 통한 성장 효과가 약화되고 있지만 2008년 이후에도 여전히 내수 부양이 지속되었다. 2016년 기준 우리나라 경제는 이명박 정부의 4대강 사업으로 국가부채가 확대됐고, 박근혜 정부의 부동산 규제 완화 정책으로 가계부채가 크게 확대되었다. 또한 대외적 수출환경 악화로 수출 대기업의 부채도 확대되어 국민경제 전체의 부채 부담이 크게 증대된 상태이다.

우리나라 경제에서 국가부채는 여타 국가들에 비해 크지는 않지만, 2007년 국가부채 총액은 299조 원, 2015년에는 590조 원으로 두 배가 늘

그림 1-5 **국가부채 현황과 추이**

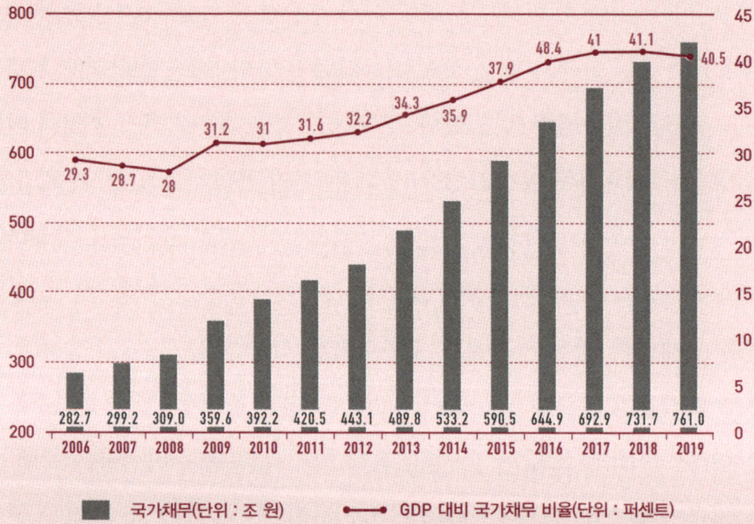

주 : 국가채무는 중앙정부와 지방정부의 채무

자료 : 한국은행 경제통계시스템

었고, GDP 대비 국가채무 비율도 30퍼센트를 훌쩍 넘겨 40퍼센트에 육박하고 있다. 이는 이명박 정부의 4대강 사업과 경기침체로 인한 세수 감소 등에 기인한다.

우리나라 가계부채는 2016년 1300조 원을 넘었고, 가처분소득 대비 부채 비율도 150퍼센트 수준으로 OECD 국가 중에서 매우 높은 수준이다. 실질임금이 저조한 증가세를 보이는 가운데 가계의 가처분소득 대비 부채 원리금 상환 비율(Debt Service Ratio)은 2013년 19.1퍼센트에서 2015년 24.3퍼센트로 높아졌다. 특히 자영업자와 저소득층, 고령 인구의 이자 부담이 높아지면서 소비가 위축되고 있다. 가계부채는 GDP 대비 75퍼센트 수준을 임계 수준으로 보는데 2015년에는 이 수준을 넘어섰다. 최근 가계부채가 급증한 것은 사상 최저의 저금리에도 원인이 있지만 2015년 정부가 LTV와 DTI의 규제를 완화하면서 주택담보대출이 크게 증가했기 때문이기도 하다. 저금리와 규제 완화를 통해 가계부채를 늘리는 방식으로 소비를 촉진하는 정책이 그동안 단기적 경제 활성화 정책으로는 유효했지만 더 이상은 그렇지 않다. 실제로 2014년에서 2015년까지 저금리와 대출 규제가 완화됐지만 소비와 투자는 늘어나지 않았다.

4

자산시장의 불안정성과 자산 불평등

저금리 기조와 가계금융 확대

외환 위기 이후 금융시장 개방이 본격화되고 대대적인 구조조정이 이루어지면서 은행 중심에서 자본시장 중심으로 금융 시스템이 전환되었다. 이에 따라 은행은 대형화·겸업화를 서둘렀고, 국제결제은행(BIS) 자기자본 비율 규제에 따라 자산 운용의 위험을 회피하기 위해 기업금융을 축소하고 가계대출을 확대했다. 특히 낮은 물가상승률, 원화 강세, 외국자본의 지속적 유입 등이 맞물리면서 외환 위기 이후 저금리 기조가 유지되고 있다. 그로 인해 부동산 구입의 자본조달 비용이 낮아지면서 부동

그림 1-6 예금 취급 기관 대출금의 산업별 비중 추이

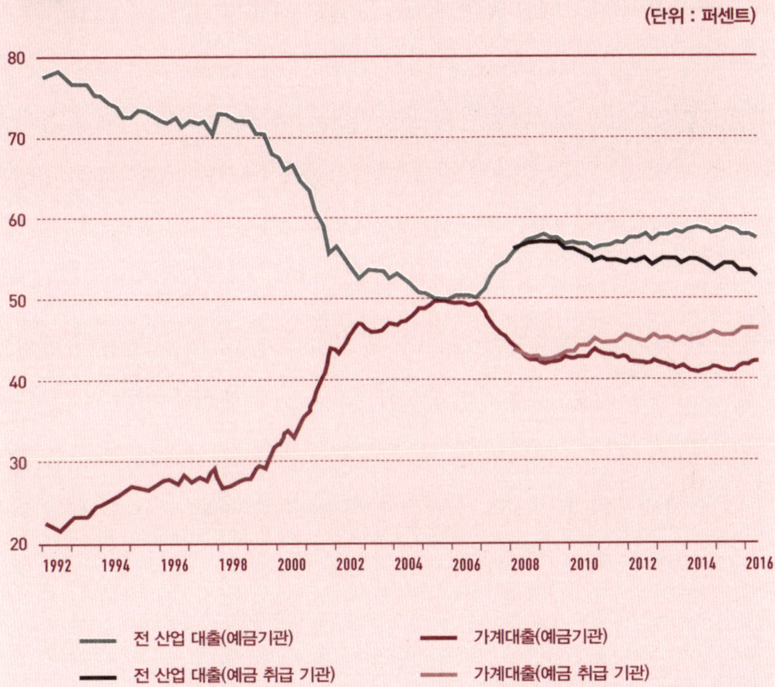

자료 : 한국은행, OECD.Stat(stats.oecd.org)

산 가치 상승에 따른 자본이득을 얻을 수 있는 기회가 가계로 제공됐다(조동철·성명기, 2003). 가계의 부동산 투자를 위한 금융권의 신용 접근성이 이전에 비해 용이해지면서 중·상위 소득계층의 '재테크 대중화' 현상이 나타났다(정준호, 2008).

〔그림 1-6〕에서 보는 바와 같이, 금융기관은 신용 위험이 큰 기업 대출

을 기피하는 대신 주택담보대출과 같은 가계대출을 선호하는 경향이 나타났다. 이는 외환 위기 이후 금융시장에 나타난 중요한 변화 중 하나이다. 2000년대 중반 예금기관에서는 기업과 가계의 대출 비중이 거의 비슷했지만, 2008년 글로벌 금융 위기 이후 기업대출 비중이 늘어났다. 하지만 2010년 이후 제2금융권을 포함한 예금 취급 기관의 기업대출과 가계대출 비중의 차이는 눈에 띄게 다시 줄어들어 가계대출 선호 경향을 보이고 있다.

현금이나 예금과 같은 안전자산 선호도는 1990년대 급격히 증가했고, 주택가격 지수도 하향 안정화됐다. 반면 2000년대 이후 현금과 예금에 대한 수요는 저금리, 위험자산에 대한 투자, 노후 대비를 위한 보험·연금 증가 등으로 급격히 하락했다. 이는 가계가 현금·예금 보유 비중을 줄이는 대신 시세차익과 임대료 수입을 얻기 위해 부동산 부문으로 자금순환이 운용되고 있음을 시사한다.

부동산 불패 신화 :
부동산을 안전자산으로 인식하는 경향

장내에서 거래되는 주식과 달리 주택은 가격 하락기에 잠재적인 부실 가능성이 있더라도 신속히 처분하는 것이 어렵기 때문에 주택가격이 폭락할 수 있다. 감정평가를 통해 이웃한 우량 주택자산의 담보 가치가 떨어지는 전염 효과도 발생할 수 있다. 이러한 부동산시장의 가격 특성은 글로벌 금융 위기처럼 시스템 리스크를 야기할 수 있다(Mian and Sufi, 2015). 일반적으로 부동산은 위험자산에 속하지만 우리나라에서는 소위 '부동산 불패 신화' 때문에 안전자산으로 인식되는 경향이 있다.

자산시장의 가격 변동성이 커질 때 전통적인 자산들 간의 상관성이 붕괴되는 '상관성 붕괴' 현상이 주식에서는 가격 하락기에 나타난다(Longin and Solnik, 2001). 하지만 2004~2014년 동안 주택의 하방 경직적인 투자 속성으로 서울 아파트시장에서는 오히려 가격 상승기에 군집 행태가 일어나면서 상관성 붕괴를 보였다(이강용·이종아·정준호, 2015). 다시 말해 수요와 공급의 법칙에 따라 가격이 내려야 할 때 내리지 않고 오를 때 과열 현상을 보이면서 부동산가격이 급락한 외환 위기의 기간을 제외하고는 가격 하락이 두드러지게 나타난 적이 없었다. 이런 이유로 부동산을 안전자산으로 여기는 경향이 강하다.

우리나라에서는 가계자산의 70~80퍼센트가 실물자산, 즉 부동산으로 구성되어 있다. 만약 부동산가격이 하락한다면 가계의 자산이나 부채에 미치는 부정적인 효과, 즉 역(-) 자산 효과가 매우 클 것으로 예상된다. 이러한 자산 구성의 쏠림 현상은 가계뿐만 아니라 금융 시스템 전반에도 불안 요인으로 작용한다.

심각해지는 가계부채 문제

은행권의 가계금융 확대와 저금리 기조가 결합되면서 가계의 신용 제약은 전례 없이 완화되었고 그 결과 가계부채 비율이 가파르게 증가하고 있다. 이러한 가계부채 규모와 비중의 증가는 거시경제 측면에서 소비를 제약하여 경기회복을 지연시킬 수 있다. 금융 안정 측면에서도 이자율이 상

그림 1-7 가계부채 비중

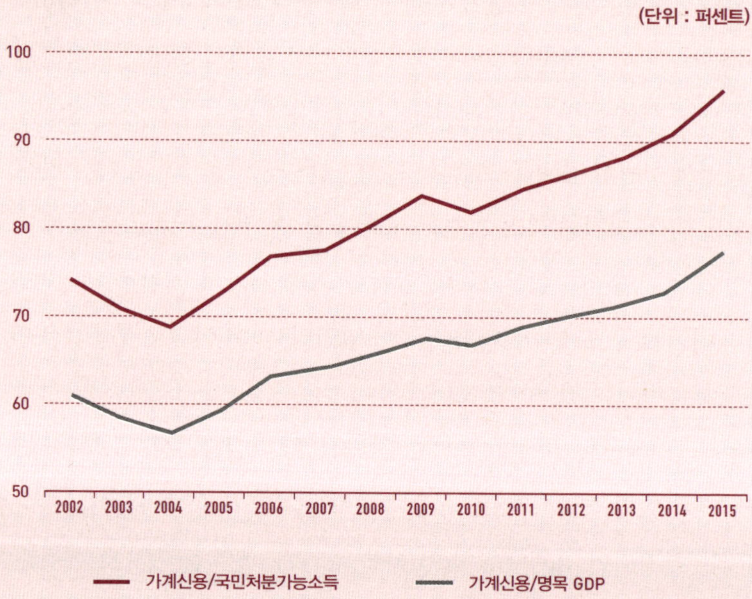

주 : 가계부채 증가율은 분기별 전년 동기 대비임

자료 : 한국은행

승하고 주택가격이 하락할 경우 금융기관의 건전성이 저하되어 금융 불안의 요인이 될 수 있다. 그리고 사회적 측면에서 부채 취약 가계의 증가는 경제·사회적 부담을 야기하여 사회 갈등을 증폭시킬 수 있다.

국민처분가능소득(NDI) 대비 가계부채 비율은 2004년 이후 급격히 증가하여 2015년 95.9퍼센트에 이르렀다([그림 1-7], [그림 1-8] 참조). GDP 대비 가계부채 비율도 2002년 61.0퍼센트에서 2015년 77.2퍼센트로 늘

그림 1-8 가계부채와 명목 주택가격의 증가율

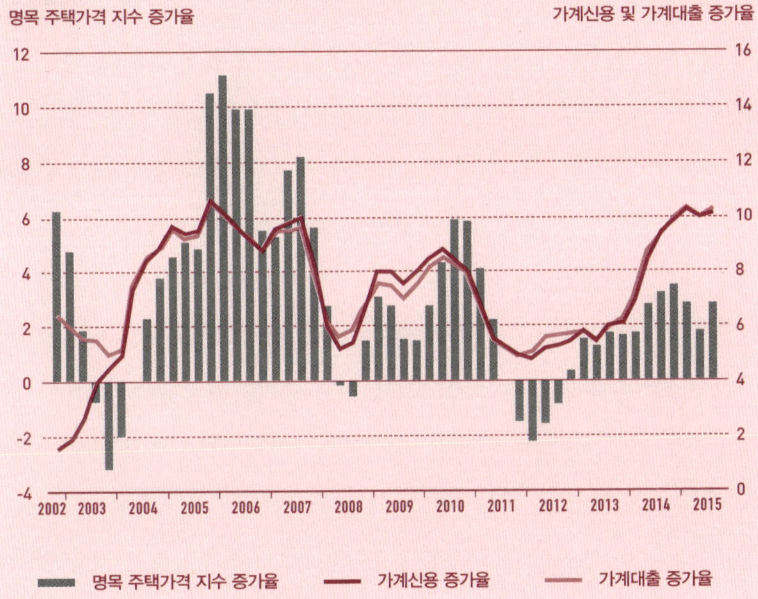

주 : 가계부채 증가율은 분기별 전년 동기 대비임

자료 : 한국은행

어났다. 가계부채 증가율은 명목 주택가격 상승률 추이와 연동되어 있으며, 주택가격 상승이 정점에 다다른 2006년과 2016년의 증가율 수준이 거의 비슷하다.

외환 위기 이후 금융시장과 부동산시장이 긴밀하게 통합되면서 아파트가 주식과 마찬가지로 자본이득(시세차익)과 소득이득(임대소득)의 대상, 즉 준금융자산으로 부각되었다(Coakely, 1994). 특히 가계소득 대비 차입

능력이 양호한 중·고소득층의 주택담보대출이 증가했으며, 이는 아파트 가격 상승을 지탱했다. 2016년 2분기 잔액 기준으로 4분위와 5분위인 상위 소득계층이 가계부채의 72.6퍼센트를 차지했다. 그리고 고신용 등급의 가계부채 비중은 64.6퍼센트에 이르고 있다. 이처럼 소득과 신용 등급 측면에서 최근 가계부채는 채무상환능력이 양호한 상위계층에 집중되어 있다. 따라서 주택담보대출은 중·고소득층의 자산 취득 수단으로 활용되어 이들의 자산 축적에 기여한 것으로 볼 수 있다(정준호, 2008).

2016년 한국은행 자료에 따르면 중·상위층으로 가계부채가 집중되어 있지만 2012년부터 2015년까지 금융부채를 보유한 가구의 약 3분의 2가 원리금 상환에 대해 심리적 부담을 느끼고 있다. 그로 인해 약 절반 이상의 가구가 소비지출이나 저축을 줄인 것으로 나타났다. 3개 이상의 금융기관에서 대출을 받은 다중 채무자의 금융부채 규모는 약 400조 원으로 전체의 30.5퍼센트이고, 다중 채무자 수는 약 367만 명으로 전체 차주의 20.1퍼센트에 달한다. 따라서 우리나라의 가계부채는 금융 불안의 최대 요인으로 부각되며 갑작스런 금리 상승이 동반되면 시스템 리스크화 가능성을 배제할 수 없는 상태다.

전세의 월세화와 주거비 부담 가중

초저금리와 대내외 불확실성 등으로 아파트가격 상승에 대한 기대(기대 자본이득)가 예전에 비해 하락하면서 전세 대신 월세 비중이 증가하고 있다. 우리나라 주택시장의 바로미터인 서울 강남 3구의 전월세 수익률인

표 1-3 소득분위별 주거비 부담 추이

	소득 대비 주택가격(PIR, 배)			소득 대비 임대료 비율(RIR, 퍼센트)		
	저소득층 (1-4분위)	중소득층 (5-8분위)	고소득층 (9-10분위)	저소득층 (1-4분위)	중소득층 (5-8분위)	고소득층 (9-10분위)
2006	6.3	4.4	3.6	27.6	18.9	16.1
2008	6.4	4.3	4.2	25.0	17.6	17.4
2010	6.1	4.2	4.0	28.2	16.6	21.1
2012	7.5	4.3	4.4	21.8	17.3	22.6
2014	8.3	5.0	4.7	29.0	17.0	21.6

주 : 소득은 중위소득 기준이고, 국토부의 주거실태조사 자료에 기반

자료 : 이강훈(2016)에서 일부 수정

월세이율은 시중금리보다 높은 수준에서 같이 움직이고 있다. 이러한 '소득이득'에 대한 추구는 전세 보증금을 올리거나 월세 전환을 가속화시켜 서민과 중산층의 주거비 부담을 가중시킨다. 2012년부터 월세가구 비율이 전세가구 비율을 추월하고 있으며, 전세·월세 혼합 형태는 빠른 증가세를 보이고 있다(이강훈, 2016).

[표 1-3]에 보는 바와 같이 주택가격과 임대료 상승 추세로 저소득층의 주거비 부담이 가중되며, 중간 소득층도 주택가격 상승으로 주택 구입 여력이 감소하고 있다. 2006년에서 2014년까지 연소득 대비 주택가격 비율(PIR: Price-Income Ratio)은 모든 소득분위에서 증가했다. 그리고 월

그림 1-9 실질 건설 비용과 주택가격

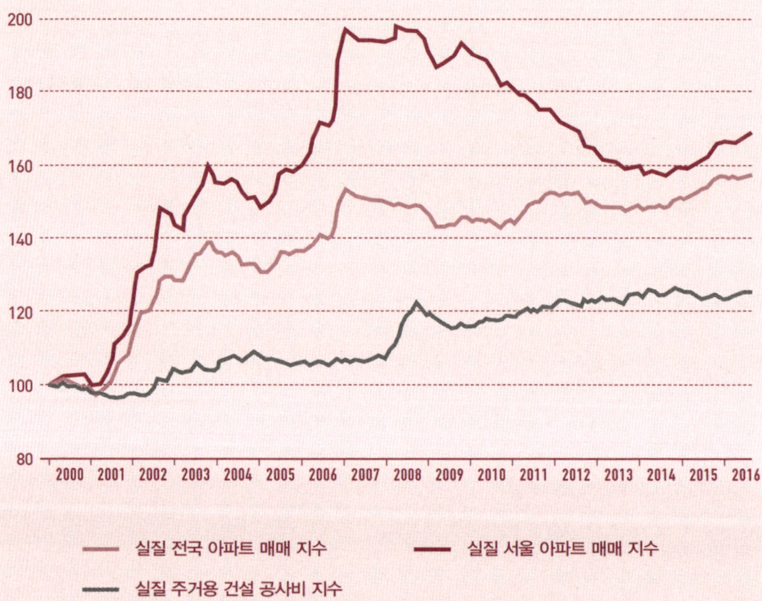

주 : 주르코와 몰로이의 연구(Gyourko and Molloy, 2015)에 따라 CPI로 실질화했음. 2000년을 100으로 할 때의 수치임

자료 : 국민은행(http://www.kbstar.com), 한국건설연구원(https://www.kict.re.kr)

소득 대비 임대료 비율(RIR : Rent-Income Ratio)은 최근 저소득층에서 증가했으며, 그 수치가 거의 30퍼센트에 육박하여 저소득층의 주거비 부담은 매우 심각해졌다.

불로소득인 지대 창출

실질 주거용 건설 공사비 지수가 2000년대 이후 증가하고 있으나 그 증가폭은 실질 아파트가격에 비해 상대적으로 작다([그림 1-9] 참조). 반면 실질 아파트가격 지수는 2000년대 중반에 크게 상승했다가 그 이후 하락하고 최근에 다시 상승하고 있다. 2000년 이후 지속적으로 아파트가격 상승이 건설 비용을 초과하고 있다. 이는 미국의 사례(Gyourko and Molloy, 2015)와 별반 차이가 없다. 따라서 건설 공급은 상대적으로 매우 가격탄력적인 반면 주택 수요는 비탄력적이라고 볼 수 있다. 주택가격이 임금보다 더 빨리 증가한다는 점에서 일종의 불로소득인 지대가 창출되고 있다.

불로소득을 환수하기 위해서는 가격이 급증하거나 고가인 부동산에 대해 재산세와 같은 보유세가 적정하게 부과되어야 한다. 하지만 부유층이 주거하는 서울시 고급 단독주택은 시장 거래가 빈번하지 않기 때문에 과표기준이 되는 공시가격이 오래전 낮은 가격으로 책정되어 있다. 이 때문에 적정한 재산세가 부과되지 못하고 있다. 2014년 서울시 단독주택 공시가격의 시가 대비 현실화율이 49.4퍼센트에 불과해 아파트와 비교하면 낮은 편이다. 이는 재산세 과세에서 역진성이 존재하고 있음을 시사한다.

5

노동시장 이중화와 노동 발언권 약화

임금 불평등 심화

대·중소기업 간 경제력 격차는 임금 격차의 심화로 나타났다. 실제 대기업의 자동화, 외주화, 노동 유연화 전략은 대·중소기업 간 고용조건의 격차를 심화하고 비정규직을 크게 증가시켰다. 이러한 배경 아래 노동시장에서 임금 불평등은 1990년대 중반 이후 20여 년간 심화되다가 최근에는 다소 정체된 상태이다([그림 1-10] 참조).

우리나라 노동시장에서 임금 격차를 유발하는 요인으로는 성별이나 학력도 중요하지만, 기업규모와 고용형태도 중요하게 작용한다. 중소기

그림 1-10 임금 및 가구소득의 지니계수* 추이

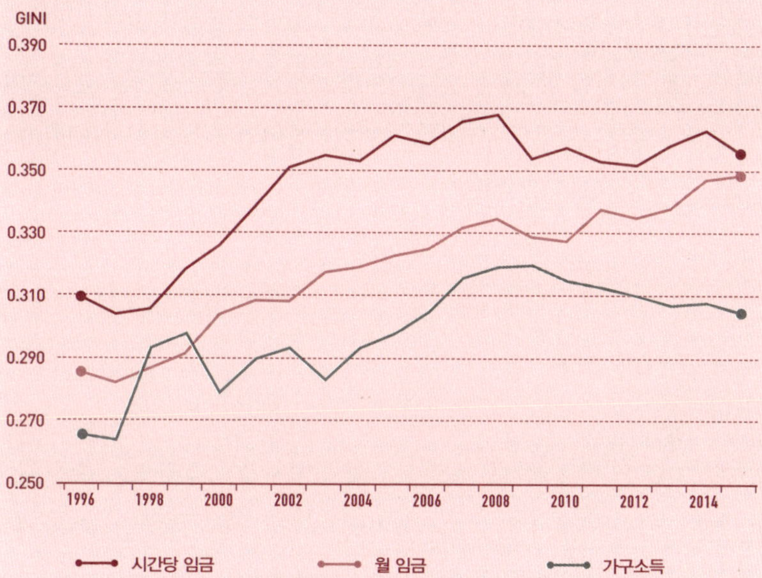

자료 : 임금구조기본조사(5인 이상 사업장) 각 년도, 가계동향(2인 이상 가구) 각 년도

업의 임금은 대기업 임금의 60퍼센트 수준이고, 비정규직의 임금은 정규직 임금의 60퍼센트 정도이다. 임금에 영향을 미치는 인적 특성을 통제할 경우에도 80퍼센트 수준이다.

또한 우리나라에서 임금 불평등은 가계소득 불평등에 비해서 더 높은

* 지니계수는 소득 불평도를 0에서 1까지 숫자로 나타낸 지표이다. 지니계수가 작을수록 소득분배가 평등하다는 뜻이다.

수준이다. 가계소득 불평등은 OECD 평균 수준이지만, 임금 불평등은 OECD 최상위 수준이다. 우리나라 노동시장에서 저임금근로자(중위임금의 3분의 2 미만 근로자) 비중은 전체 임금근로자의 24퍼센트 수준으로, 임금근로자 네 명 중 한 명이다. 우리나라의 저임금근로자 비중은 미국과 함께 OECD 국가들 중 가장 높은 편이다. 임금 불평등 증가와 높은 저임금근로자 비중은 단시간 근로자를 비롯한 불안정 노동자인 프레카리아트(precariat)* 증가에 기인한다.

비정규직의 확대

1997년 외환 위기를 계기로 노동시장에서 비정규직의 규모는 크게 확대되었다. 2015년 정부의 분류 기준에 따른 비정규직은 전체 임금근로자의 33퍼센트 수준으로 기간제 근로자, 시간제 근로자, 파견·용역 등의 간접고용 근로자 등이 포함된다.

그런데 우리가 흔히 비정규직이라고 여기는 많은 일자리들이 공식적인 비정규직 통계에 포함되지 않고 있다. 조선업이나 자동차 산업에서 흔한 사내하청 노동자는 통계에서는 하청업체의 정규직으로 포함된다. 또한 방문 판매원이나 심지어 학원 강사도 정부 통계에서는 비정규직 임금근로자가 아닌 비임금근로자(자영자)로 분류된다. 이들의 일하는 모습은 정규직 임금근로자와 별 차이가 없음에도 불구하고 고용조건이 불안하거

* '불안정한'을 의미하는 'precarious'와 프롤레타리아트(proletariat)를 합성한 조어.

표 1-4 비정규직 유형별 규모

임금근로자	정규직(1300만 명 = 사내하청, 서비스업 사외 하청 포함)	
	비정규직 910만 명	한시적(기간제 포함) : 364만 명
		시간제 : 224만 명
		비전형(호출 + 가내) : 92만 명
		비전형(파견 + 용역) : 87만 명
		사내하청(고용 공시 자료) : 93만 명
		비전형(경제활동인구) : 특수고용 50만 명

자료 : 통계청, 경제활동인구조사 2015년 부가조사

나 열악하다. 이들을 포함하면 비정규직 노동자는 전체 노동자의 41퍼센트를 넘는다([표 1-4] 참조).

대기업에서도 비정규직을 많이 두고 있다. 300인 이상 기업에서 평균 20퍼센트는 기간제 근로자며 또 다른 20퍼센트는 사내하청 근로자이다. 중소기업에서는 더 말할 필요도 없이 비정규직을 많이 활용하고 있을 뿐 아니라 정규직이라고 할지라도 임금과 근로조건에서 대기업 비정규직에 비해 그다지 나은 형편이 아니다. 대기업 비정규직과 중소기업 정규직의 임금은 모두 대기업 정규직 임금 대비 60퍼센트 수준이며, 중소기업 비정규직의 임금은 대기업 정규직 임금의 40퍼센트 수준에 머문다. 대기업

정규직의 사회보험 가입률은 100퍼센트이지만, 대기업 비정규직과 중소기업 정규직의 사회보험 가입률은 80퍼센트 수준이며, 중소기업 비정규직의 경우는 35퍼센트에 불과하다. 결국 우리 경제에 임금이나 근로조건이 부실한 중소기업이 많다는 점은 저임금근로자의 비중을 높이고 임금불평등을 악화시키는 기제로 작용한 것이라 볼 수 있다.

비정규직 근로자에 대하여 임금이나 다른 근로조건에서 차별을 두지 못하도록 하는 '기간제 및 단시간 근로자 보호법'이 있으나 실제로 이 법에 호소하여 차별이 시정된 사례가 아주 적다 보니 법의 실효성도 매우 낮다. 중앙노동위원회에 접수된 차별 시정 요구가 최근 4년 동안 약 400여 건에 불과한데, 대부분 기각되거나 취하되고 단지 9퍼센트만이 차별로 인정되어 구제되었다. 비교 가능한 정규직 근로자가 없다거나, 비교가능한 근로자가 있고 불리한 처우까지 있더라도 합리적 이유가 존재한다고 보는 판정이 대부분이다. 결국 차별금지법을 이용하여 동등한 대우를 보장하고 이를 통하여 기업이 비정규직의 활용을 줄여 나가게 하는 방식은 거의 작동하지 않는다.

우리나라 노동시장에서는 비정규직 비율이 높을 뿐 아니라 한번 비정규직으로 근로 경력을 시작하면 빠져나오기가 쉽지 않다. 우리나라 기간제 근로자의 정규직 전환율은 OECD 국가 중에서 낮은 편에 속한다. 1년 이내에 정규직으로 전환되는 비율은 11퍼센트며, 3년 내 전환율은 22퍼센트인 것으로 나타났는데, 주요 비교 국가 평균이 각각 32.4퍼센트와 54.2퍼센트인 것을 감안하면 매우 낮은 수준이다(OECD, 2013). 비정규직은 노동시장 진입 초기에 잠시 거쳐 가는 디딤돌이 아니라 한번 빠지면 헤어나기 어려운 함정인 것이다.

불안정 노동자 문제가 단순히 비정규직 근로자로 축소될 수 없음을 보여 주는 사례가 점점 더 늘어나고 있다. 정부 통계에 의한 비정규직은 전체 임금근로자의 33퍼센트이지만 정규직과 비정규직의 경계, 임금 노동자와 비임금 노동자의 경계, 노동자와 소비자의 경계에 서 있는 노동자들이 증가하고 있기 때문이다. 기간제나 시간제와 같은 전통적인 비정규직 문제도 여전히 잔존하면서 새롭게 등장하는 고용형태로 인해 나타나는 문제에도 대응해야 하는 것이 현실이다.

하청 노동은 광범위하게 퍼진 간접고용이면서 우리나라 노동시장의 최대 난제이다. 노동자의 임금과 근로조건은 사실상 사용주 기업인 원청이 결정한다. 하지만 최저임금법을 위반해도, 장시간 일을 시키거나 초과 근로 수당을 지급하지 않아도, 심지어 안전사고가 나도 원청에 책임을 물을 수 없는 구조로 되어 있다. 최근 5년간 사용주인 30개 대기업에서 발생한 산재 사망자 중 86.5퍼센트가 하청 노동자였다. 이를 두고 위험의 외주화라는 말이 생겨났다.

임금근로자와 비임금근로자의 경계에 있으며 외형적으로 개인사업자인 특수고용 근로자도 경제의 모든 부문에서 빠르게 늘고 있다. 방문판매원, 배달원, 수리 기사가 어디서 어떻게 일을 할 것인지를 정해 주는 사용주 기업은 있지만 그들은 기업의 직원이 아니다. 사용주 기업은 노동법에 따른 인사 절차가 아니라 단순한 계약 해지로 특수고용 근로자를 해고할 수 있다. 사용주 기업은 경제적 이익을 추구하기 위해 관련 일을 하는 직원을 개인사업자로 전환시키고 있다.

프랜차이즈 가맹점주도 본사가 노동과정이나 근로조건 결정에 개입하는 정도가 매우 강하다. 그렇기 때문에 임금 노동자와 크게 다르지 않은 지배·종속 관계에 있음에도 불구하고 자영자로 간주되어 실제 노동법으로 보호하는 것이 불가능하다. 그렇다면 공정거래법으로라도 보호할 수 있어야 하는데 그마저도 여의치 않다 보니 가맹점주들의 장시간 근로와 낮은 소득 문제는 더욱 심각해지고 있다. 나아가 공유경제, 프로슈머, 1인 기업의 확산이 예견되는 가운데 '노동'은 존재하나 이들에 대한 보호와 보상 방법을 찾기가 쉽지 않다.

노동 발언권 제약

1990년대 이후 비정규직 노동자를 비롯한 불안전 노동자의 고용은 불안정하고, 임금은 낮은 수준에 머무는 이유는 무엇일까? 일차적으로는 경제의 글로벌화, 그중에서도 중국과의 교역 확대가 지적된다(Cheon, et al., 2014). 1990년대부터 우리나라 전체 무역에서 중국과의 교역 비중이 증가하기 시작했으며, 2000년대 중반에는 미국을 추월하여 1위에 올라섰다. 그러면서 저숙련 노동자는 인건비가 저렴한 중국 노동자와 저임금 경쟁을 하게 되었다.

그러나 이러한 환경 변화만으로 임금 불평등이 심화된 원인을 충분히 설명할 수는 없다. 자본의 힘을 견제하는 역할을 해야 할 노동조합이 자신의 역할을 충분히 수행했다면 다른 결과에 도달했을 수도 있기 때문이다. 특히 비정규직 노동자나 저숙련 노동자가 자신들의 목소리를 모아낼 수 있느냐는 무엇보다 중요하다. 2000년대 이후 노동쟁의에서 하청 노동자나 기간제 노동자, 특수고용 노동자가 차지하는 비중이 크게 증가했다.

뿐만 아니라 그 양상이 단식이나 고공 농성과 같은 매우 극단적인 형태로 나타나고 있다는 점인데 이는 정상적인 파업으로는 자신들의 목소리를 전달할 수 없는 형편이기 때문이다.

우리나라 노동조합 조직률은 1987년 노동자 대투쟁 이후 최대 20퍼센트에 달한 적이 있으나 이후 감소하여 최근에는 10퍼센트 내외에 머물고 있다. 특히 비정규직의 노동조합 조직률은 2퍼센트 수준이며 임금 하위 10퍼센트에 해당하는 노동자들의 조직률은 0.2퍼센트일 정도로 미미하다. 더욱이 노동조합에 가입한 노동자들이 비정규직과 저숙련 노동자의 이해를 대변하지 않고 있어 비판의 목소리가 높은 것도 사실이다. 노동조합의 영향력 자체가 약화되었고 노동조합이 전체 노동자의 이해를 대변하는 제도적 여건이 취약하기 때문에 노동조합 조직률이 이와 같이 낮은 것이다.

우리나라 노동조합법은 정당한 쟁의행위의 범위를 매우 좁게 설정하고 있다. 쟁의행위의 주체나 절차를 까다롭게 정해 놓고 있어, 법원에서 쟁의 목적의 정당성을 다툴 경우 경영권이나 정부 정책 관련 사항이라는 이유를 들어 손쉽게 불법 파업이라는 결정을 내린다. 정부 당국은 일단 불법 파업이라고 결정하면 쟁의 과정에서 폭력이나 파괴행위가 없더라도 노무 제공을 거부한 사실만으로도 파업 참여자를 업무방해 혐의로 기소할 수 있다. 이 같은 정부의 노동정책 방향은 단체행동권을 제약하고 있다.

사용주인 기업은 불법 파업에 대한 손해배상청구와 가압류를 남발하면서 노조를 압박한다. 2016년 4월 민주노총과 소속 사업장에 대한 손해배상청구 금액은 대략 1557억 5300만 원이다. 개별 사업장 청구액 평균을 기준으로 하면 2002년 8억 8000만 원에서 2016년 91억 4000만 원으로 10배 이상 늘어났다. 그 결과 노조 활동은 위축되고 파업에 참여한 노동자들은 벼랑 끝에 몰리게 되어 비장한 각오로 전투적인 태도를 갖게 된 것은 어쩌면 당연한 일일 것이다.

6

취약한 사회안전망

높은 빈곤율, 특히 노후빈곤

2014년 우리나라 빈곤율은 시장소득 기준으로 보면 16.7퍼센트로 OECD 국가 중에서 낮은 편에 속한다. 여러 가지 소득보장제도가 선진국에 비해 미비하다 보니 모든 가구가 소득 활동에 적극적으로 나서고 있기 때문인 것으로 보인다. 주로 국가 간 비교 통계로 사용되는 가처분소득 빈곤율은 13.3퍼센트로 나타난다. 조세와 공적소득 이전을 통한 빈곤 감소 효과는 약 20퍼센트 수준에 불과해 OECD 국가 중에서는 가장 낮다. 우리나라의 가처분소득 기준 빈곤율은 미국, 스페인, 그리스 다음

그림 1-11 **OECD 주요국의 상대 빈곤율**

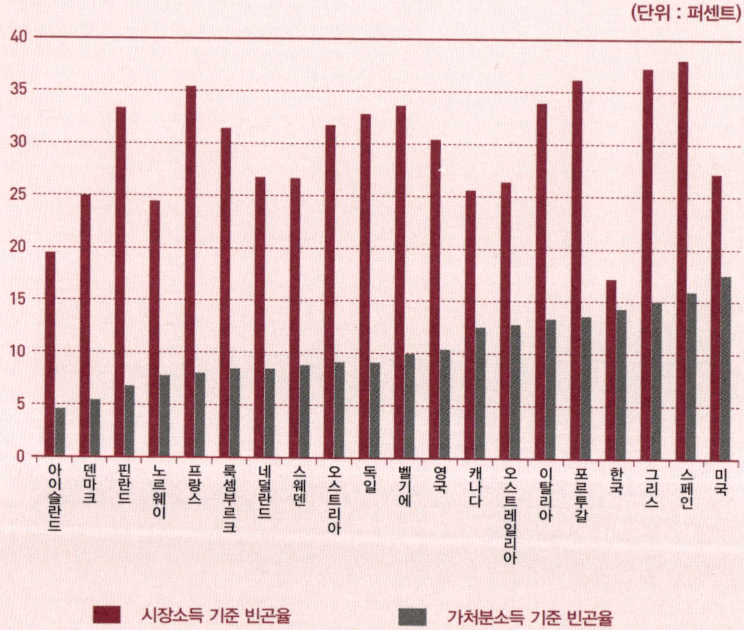

주 : 빈곤선 기준은 중위소득 50퍼센트 미만. 핀란드, 네덜란드, 오스트레일리아, 미국, 한국은 2014년 자료, 그 외 국가는 2013년 자료

자료 : OECD DB

으로 높다. 우리나라는 가처분소득을 증대시키는 이전소득이 적기 때문에 가처분소득 기준 빈곤율이 OECD 국가에 비해 높은 편이다. 이는 국내 사회안전망이 미흡하다는 것을 보여 준다.

빈곤문제가 가장 심각한 인구 집단은 노인이다. 2014년 기준으로 47.2

퍼센트의 노인이 빈곤 상태에 있다. 어느 나라를 막론하고 노인은 시장 소득만으로는 빈곤 상태를 벗어날 수 없다. 따라서 우리나라의 노인빈곤율이 유난히 높다는 것은 연금을 비롯한 노후소득보장제도가 미비하다는 것을 보여 주는 지표이다. 우리나라에서도 노인빈곤율은 개인소득 이외에 기초연금, 국민연금, 기타 공공부조와 같은 공공정책에 의해 결정된다.

기초연금은 소득 하위 70퍼센트 노인을 대상으로 최대 20만 원까지 지급되는 것으로 2014년 464만 명에게 수급되었다(김상호 외, 2015). 부부가 모두 받아도 40만 원을 넘을 수 없기 때문에 이것만으로는 빈곤선을 넘어설 수 없다. 소득비례연금인 국민연금 수급자 수는 2015년 9월 기준 390만 명으로 65세 인구 662만 명 대비 59퍼센트 정도가 된다. 노인빈곤율 47.2퍼센트는 국민연금 수급자 중에서 상당수가 빈곤 상태에 있다는 것을 의미한다. 우리나라 공적연금의 소득대체율은 평균소득자의 경우 40퍼센트, 저소득자의 경우 60퍼센트 수준인데, OECD 국가 평균이 각각 54퍼센트와 71퍼센트인 것을 감안하면 낮은 편이다(김상호 외, 2015). 즉 소득비례연금의 수급자 수가 적고, 소득대체율도 낮은 편이기 때문에 연금제도가 노인빈곤율을 낮추는 역할을 제대로 하지 못한다고 평가할 수 있다.

국민연금 가입 의무가 있는 18~59세 인구 중에서 절반은 보험료를 내고 있지만, 나머지 절반은 내지 않고 있다. 소득 활동에 종사하고 있지 않은 사람이 29.9퍼센트로 높지만, 납부 예외자도 13.7퍼센트, 장기 체납자도 3.3퍼센트에 이른다. 이렇게 낮은 가입으로 향후 연금 수급에 의한 노후 안전망은 충분하지 않을 것으로 보인다.

부실한 실업자 안전망

2014년 기준 우리나라 근로 연령대 인구의 빈곤율은 9.6퍼센트이다(OECD DB). 특히 근로 연령대 인구가 빈곤에 빠질 가능성은 실업에 의해 근로 활동을 중단할 때 높아진다. 이 빈곤율을 이해하기 위해서는 실업자 안전망이 어떻게 작동하고 있는지 살펴보아야 한다. 우리나라에서 일반적으로 근로자가 실직했을 때 받을 수 있는 공적급여는 고용보험의 실업급여와 국민기초생활보장제도의 생계급여 두 가지가 있다. 실업급여를 받기 위해서는 실직 이전에 일정 기간 동안 고용보험에 가입되어 보험료를 납부해야 한다. 생계급여는 자산소득 환산액을 포함한 가구소득이 평균 가구소득의 29퍼센트 미만이면서, 부양해 줄 사람이 없어야 수급할 수 있다.

실업보험과 실업부조 수급자를 합쳐서 전체 생산가능인구 대비 수급자 비율을 계산하면, 선진국의 경우 대체로 3퍼센트 이상, 제도의 포괄성이 높은 국가는 5퍼센트 이상으로 나타나는데 비해 우리나라는 0.2퍼센트로 심하게 낮은 수준이다(이병희 외, 2013). 따라서 근로자가 의지할 수 있는 안전망이라고는 국민기초생활보장제도가 거의 유일하지만 생산가능인구 대비 수급자 비율인 사회부조 수급율은 2.7퍼센트로 높은 수준은 아니다.

2013년에 실업급여 수급률(실업자 수 대비 수급자 수)은 약 35퍼센트다. 실업급여 수급율을 결정하는 요인은 실업보험 가입률과 급여 지급 기준의 엄격성이다. 우리나라에서 실업급여를 지급하는 기준의 엄격성(구직활동 여부 확인 등) 정도는 OECD 국가 중에서 중간 정도에 해당한다(Venn, 2012). 느슨한 고용보험 적용 범위와 고의적인 미가입이 많은 것이 실업급여 수급율을 낮추는 주된 요인이다(황덕순, 2015). 2014년 8월 기준으로 고용보험법상 가입 대상 4명 중 1명은 미가입 상태이다. 전체 임금근로자 기준으로는 64퍼센트, 취업자 기준으로는 46퍼센트만이 고용보험에 가입되어 있다.

일단 실업급여를 받는다고 할지라도 수급 기간이 짧고 소득대체율도 낮은 편이라 안전망 역할을 충분히 하지 못한다. 먼저 실업급여 수급 기간의 상한을 살펴보면 OECD는 국가 간 비교를 위하여 18세부터 22년간 실업보험료를 내온 40세 근로자가 실직한 경우를 기준으로 계산하는데, 우리나라는 7개월로 가장 낮은 그룹에 속한다.* 연령과 가입 기간에 따라 달라지는 소정 수급 기간의 평균은 4.8개월이고, 실제 수급 기간은 평균 4.1개월이다(황덕순, 2015). 소득대체율은 실직 이전 임금의 50퍼센트이지만, 상한액과 하한액 적용을 받는다. OECD 자료에서 우리나라 실업급여의 소득대체율이 30퍼센트 수준으로 나타나는 것은 수급 기간이 짧기 때문이다. 수급 기간과 소득대체율을 동시에 고려할 때 우리나라 실업급여는 실업자 안전망이라는 역할에 크게 부족하다고 평가될 수밖에 없다.

최후의 안전망 공공부조 미비

우리나라에서 최후의 안전망이라 할 수 있는 빈곤층 지원 제도로는 국민

* 한국 7개월, 이탈리아 8개월, 일본 9개월, 독일/그리스 12개월, 스웨덴 15개월, 영국 16개월, 네덜란드 22개월, 핀란드 23개월, 덴마크/노르웨이/스페인 24개월.

기초생활보장제도가 있다. 1961년부터 운영된 이 제도는 근로능력이 없고 부양자도 없는 극소수의 빈곤 가구만을 지원하도록 설계되었다. 이에 반해 2000년 도입된 기초생활보장제도는 근로능력 여부에 상관없이 자산의 소득 환산액을 포함한 가구소득이 최저생계비에 미치지 못하는 절대빈곤가구이면서 부양해 줄 다른 가족이 없을 경우 실제소득과 최저생계비의 차액을 지원하는 제도이다. 2015년부터는 최저생계비를 기준으로 삼지 않고 상대빈곤선을 도입하여 중위소득의 30퍼센트를 상대빈곤선으로 설정하고 실제 가구소득과 상대빈곤선 사이의 차액을 보전하는 제도로 개편됐다. 그러나 개편 당시 중위소득의 30퍼센트는 절대빈곤선과 거의 같은 수준이었다.

2014년 우리나라 국민기초생활보장제도의 수급자는 약 133만 명으로 전체 인구의 2.6퍼센트에 해당한다. 이것을 빈곤인구 대비 비율로 다시 계산해 보면 시장소득 기준 빈곤자의 15퍼센트만이 공공부조로 생계보호를 받는다는 것을 알 수 있다. 가처분소득 기준 빈곤인구 대비로는 18.3퍼센트 정도이다. 우리나라의 공공부조 수급률은 매우 낮아서 빈곤율 자체가 매우 낮은 북유럽 국가와 비슷한 수준이다. 즉 우리나라는 빈곤율이 높음에도 불구하고 공공부조 수급률은 낮은 편이다. 국민기초생활보장제도의 당초 취지와는 달리 빈곤인구 중에서 일부만이 생계급여를 받게 되는 이유는 첫째, 상대빈곤을 중위소득 30퍼센트로 낮게 정하여 지원하기 때문이다. 둘째, 실제소득뿐 아니라 자산도 소득으로 환산하여 수급 조건을 정하기 때문이며, 셋째로 부양의무자 기준이 엄격하게 적용되기 때문이다. 달리 말해 국민기초생활보장제도가 더 많은 사람을 빈곤으로부터 구제하기 위해서는 이 세 가지 요건이 완화되어야 한다.

내실화가 필요한 사회서비스

사회안전망을 논할 때 흔히 소득보장제도 중심으로 논의하기 쉽지만, 사실 이에 못지않게 중요한 것이 현물급여 또는 서비스이다. 누구나 생애주기에 따라 생활에 필요한 서비스를 시장에서 구매할 필요 없이 제공해 주는 것이 사회서비스에 대한 국가책임 원칙이다. 사회서비스의 강화는 소득보장과는 달리 크게 두 가지 점에서 추가적인 의의가 있다. 첫째, 보육, 교육, 의료 등의 영역에서 서비스를 강화하는 것은 선제적 복지이자 사회 투자적인 의미를 갖는다. 둘째, 소득수준과 상관없이 같은 서비스를 제공하는 것이므로 보편적 복지이며, 누구나 같은 출발선상에 서게 해 준다는 의미가 있다. 부유한 사람이든 가난한 사람이든 차별적인 교육과 의료서비스를 받지 않게 해 주는 것이다.

우리나라 돌봄서비스는 최근 상당한 발전을 해왔다. 영유아 돌봄·교육 분야의 경우 3세 미만 아동의 보육시설 이용률은 1995년 5.7퍼센트에서 2012년 62퍼센트까지 급증했다([그림 1-12] 참조). 2008년에는 소득 하위 50퍼센트 가구에 보육시설 이용료를 차등적으로 지원하는 정책이 도입되었고, 2013년부터는 소득수준에 관계없이 모든 영유아의 보육과 교육시설 이용에 드는 비용을 지원하고 있다.

노인 돌봄은 2008년에 노인장기요양보험이 도입되면서 획기적으로 발전했다. 노인 돌봄은 사회보험 방식으로 설계됐으며, 재가 서비스와 시설 서비스를 받을 수 있다. 65세 이상 노인 중에서 장기요양보험 서비스를 받는 노인의 비율은 2015년 비교적 낮은 5.7퍼센트다. 따라서 서비스를 필요로 하는 노인 극소수만이 돌봄서비스를 받고 있다고 봐도 무방

그림 1-12 만 3세 이하 어린이의 돌봄서비스 평균 등록률

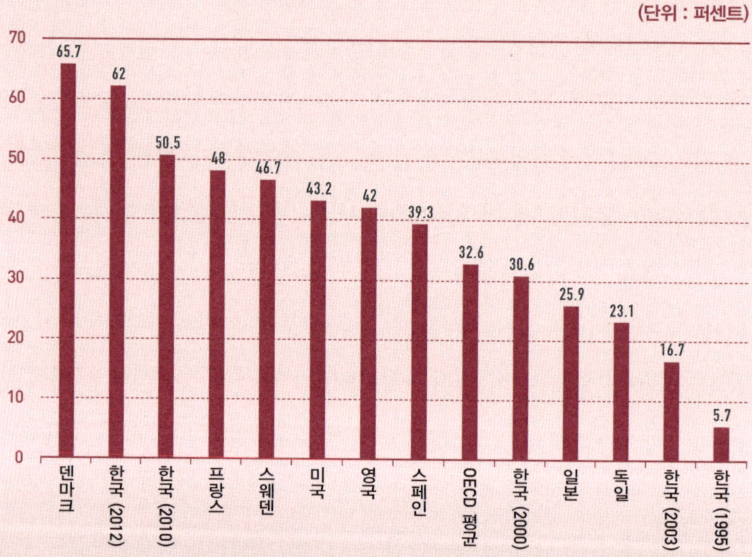

자료 : Choi, Chung, Chang(2014), OECD Family DB(2014)가 원 데이터임

하다.

우리나라는 건강보험을 통해서 의료서비스를 제공한다. 직장의료보험과 지역의료보험이 통합된 이래로 적용 범위의 문제는 거의 해소가 된 것으로 보이지만, 보장성 수준이 낮은 것은 계속 문제로 남아 있다. 전체 의료비에서 공적 지출이 차지하는 비중이 매우 낮다. OECD의 의료비 지출 자료(2014)에 따르면, 우리나라 가계의 총소비지출에서 의료비 자부담 비율은 4.7퍼센트로 전체 OECD 국가들 중에서 가장 높게 나타났

다. OECD 34개국 평균은 2.8퍼센트다. 저소득계층의 의료비 부담이 상대적으로 증가하는 것도 문제이다. 2013년 한국의료패널 보고서에 따르면, 2008년 소득 5분위의 가계직접부담 의료비가 1분위 가구의 1.9배였던 것에 비해, 5년 후인 2013년에는 1.6배로 크게 줄어들었다. 저소득가구의 과부담 의료비는 의료 보장성이나 의료 형평성 쟁점에서 가장 주목해야 할 주제 중 하나이다. 한국복지패널 자료 분석 결과에 따르면, 2006년 의료비가 가계지출에서 차지하는 비중이 20퍼센트가 넘는 가구가 9.7퍼센트며 30퍼센트를 넘는 가구도 5.8퍼센트나 된다(손수인·신영전·김창엽, 2010).

7

부자감세

민주화 이후 조세정의 추구의 한계

1960~1970년대 개발에는 경제정책의 초점이 산업화와 성장에 맞춰졌는데 조세·재정정책도 예외는 아니었다. 대부분의 재정이 경제개발과 국방에 투입되었고 조세제도는 생산 활동과 저축을 장려하기 위해 설계되었다. 개인소득세의 경우 세율 자체는 매우 누진적으로 설계되었으나 근로 활동에 유인책을 주기 위해 비과세·감면 혜택을 많이 제공했다. 법인세도 생산, 투자, 수출, 기술 개발에 대해 관대한 비과세·감면 혜택을 제공하는 구조였다. 한편 금융소득이나 자본이득은 저축과 자본 축적을

장려한다는 명목하에 역시 많은 비과세·감면 혜택을 제공했다.

이와 같은 비과세·감면 제도 이외에 사업소득과 관련된 탈세 관행도 널리 퍼져 있었다. 그리고 부동산세는 터무니없이 저평가된 부동산 가액을 기준으로 부과되었고 부동산과 금융자산의 명의 신탁을 통한 탈세도 횡행했다. 가장 큰 세수 항목은 간접세로서 1977년 세율 10퍼센트로 도입된 부가가치세의 역할이 컸다. 부가가치세는 소비를 억제하는 효과를 가졌으므로 생산, 수출, 투자 등의 촉진, 저축 장려, 소비 억제라는 산업화 시기의 경제정책에 부합하는 조세 체제이기도 했다.*

조세·재정정책은 1987년 민주화로 변하게 되었다. 이는 경제민주화로 복지 확대와 공정한 조세제도에 대한 요구가 커졌기 때문이다. 사회보험 기반의 복지가 강화되어 사회보험료 수입이 증가했고 이로 인해 국민부담률이 증가하기 시작했다(〔그림 1-13〕 참조). 한편 조세 측면에서는 불로소득에 대한 환수 시도가 있었다. 부동산 보유세가 강화되었고 금융실명제가 전격 도입되었다. 또한 직접세 세수 비중이 증가하고 간접세 세수 비중이 줄어들기 시작했다. 1997년 외환 위기 이후에도 복지지출이 증가해서 그 규모는 2003년부터 경제 부문 지출 규모를 능가하게 되었다. 그러나 조세정의에 대한 요구는 컸으나 조세정책은 외환 위기의 수습, 전 세계적 직접세 세율 인하 분위기에 영향을 받지 않을 수 없었다.

김대중 정부(1998~2003년)는 외환 위기로 인해 경기침체가 지속되었기 때문에 경기부양을 위해 비과세·감면 혜택을 대규모로 실시했다. 그리고 직접세 세율 인하를 실시하여 직접세 세수 비중이 다시 줄어들기도

* 이를 김도균(2013)은 저축 기반, 자산 기반 생활보장체계라고 불렀다.

그림 1-13 한국과 OECD 평균 국민부담률 추이

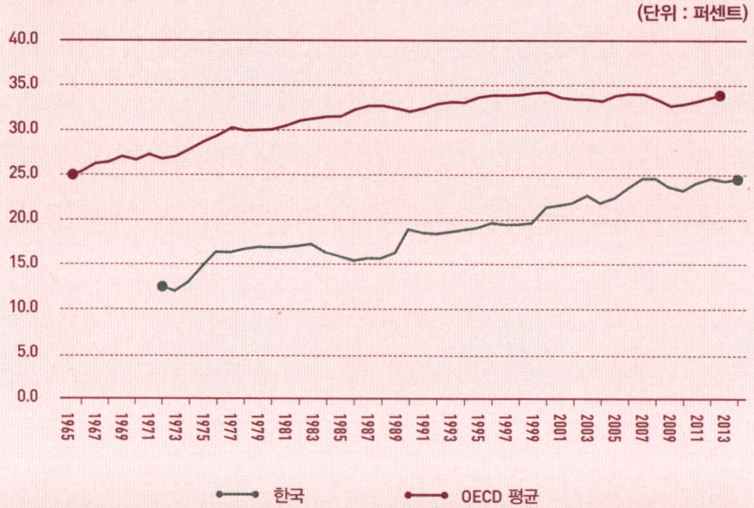

주 : 조세수입 및 사회보험수입의 합, 세외수입은 제외

자료 : OECD 홈페이지

했다. 노무현 정부(2003~2008년)는 부동산 부문에 대한 과세 강화를 위해 종합부동산세를 도입했으나 직접세 세율은 인하했다. 복지가 낭비라는 인식은 약화되었으나 여전히 비과세·감면과 세율 인하를 통해 생산 활동을 장려하는 것이 바람직한 조세정책이라는 시장주의 원칙에 진보 정부도 동의한 셈이다. 그러나 노무현 정부 시기에는 적극적인 탈세 축소 노력, 부동산 보유세 강화를 통한 직접세 세수 비중 확대 등 조세정의 측면에서 거둔 성과도 분명히 있었다.

2008년 이후 보수 정부의 감세 추구

진보 정부 시기에는 직접세 세율을 인하했지만 실제로는 세수 확대 노력을 했다. 하지만 2008년 집권한 이명박 정부의 대표적인 공약은 '감세와 작은 정부'였다. 이러한 조세 · 재정정책 기조는 10년간 진보 정부하에서의 사회복지 지출 증가로 조세부담률이 높아졌고 투자와 소비 위축을 통한 성장률이 저하되면서 양극화가 심화되었다는 인식에 근거한 것이었다. 그래서 정부가 감세 정책을 펴면 투자가 촉진되어 '저부담 → 고투자 → 고성장'의 선순환 구조가 정착되고, 이를 통해 우리 경제가 7퍼센트 성장능력을 갖추게 될 것이라고 기대했다. 감세와 함께 중기적으로 재정지출 증가율을 경제성장률보다 낮게 관리하여 조세부담률을 당시 22퍼센트 수준에서 OECD 최저인 20퍼센트 수준으로 내리겠다는 목표도 제시했다.

이러한 기조에 따라 2008년 가을 대대적인 감세안을 발표했다. 법인세, 근로소득세, 상속 · 증여세, 양도소득세, 종합부동산세 등 거의 모든 주요 세목에서의 감세를 골자로 했다. 근로소득세는 2010년 과표 8800만 원 이하 구간별로 2퍼센트포인트, 법인세도 13~25퍼센트에서 10~20퍼센트로 최대 5퍼센트포인트 인하하겠다고 발표했다. 또 양도소득세와 종합소득세 인하뿐만 아니라 상속세와 증여세 역시 최저세율을 과표 1억 원 이하 10퍼센트에서 5억 원 이하 6퍼센트로 낮추겠다고 했다. 이러한 감세 계획은 양극화에 대한 국민들의 불만으로 원안대로는 시행되지 못하였지만 대부분 실현되었다. 근로소득세는 과표 8800만 원 초과 구간일 때 세율 인하를 실시하지 못하였을 뿐 아니라 3억 원의 상위 구간을 만들고 38퍼센트의 세율을 적용했다.

박근혜 정부의 조세정책 기조는 증세를 하지 않고 이전 정부에서 이루어진 감세를 유지하겠다는 것이다. 박근혜 정부가 내세운 주요 공약은 '증세 없는 복지 확대'와 '재정 건전성 확보'였다. 복지를 확대하되 재원 마련과 관련하여 세목 신설과 세율 인상 등 직접적인 증세를 지양하는 대신 비과세·감면 축소와 지하경제 양성화를 통한 세원 확대, 재량 지출 조정을 통한 재원 확보 등의 계획을 밝힌 바 있다. 2014년 발표한 중기 조세부담률 전망에 따르면 이명박 정부 말인 2012년 GDP 대비 18.7퍼센트였던 조세 국민부담률(신 GDP 기준)을 2015년 17.9퍼센트, 2018년에는 17.5퍼센트로 줄이려는 계획을 제시했다. 이러한 정책으로 인해 국민부담률은 실제로 2008년부터 일정한 수준에 정체해 있다.

그러나 시간이 흐를수록 더욱 뚜렷해지는 경제 양극화 문제는 박근혜 정부로 하여금 조세의 공평성을 다소 개선하는 세제 개편을 하도록 강제하기도 했다. 조세정책의 기조는 '감세 유지'이지만 소득 상위계층과 대기업에 대한 과세 강화 조치가 있었다. 그 조치 가운데 하나는 고소득층에 대한 과세를 강화하기 위해 근로소득세의 경우 소득공제를 세액공제로 전환하고 소득세 최고세율 적용 구간을 3억 원에서 1억 5000만 원으로 낮추는 것이었다. 두 번째 조치로 대기업 과세 강화를 위해 대기업이 주로 혜택을 누리던 연구개발 관련 비과세·감면 제도를 줄이고, 과표 1000억 원 초과 대기업 적용 최저세율*을 16퍼센트에서 17퍼센트로 올리도록 했다.

* 기업들이 각종 세제 감면 혜택을 받더라도 최소한 내야 하는 세율.

감세 정책의 수혜자는 고액 자산가, 대기업

이명박 정부에서 전 과표 구간에 걸쳐 법인세율은 인하됐으나 근로소득세는 8800만 원 이하에만 세율이 인하되었다. 박근혜 정부가 들어서면서 8800만 원 이상의 경우 세율이 인상되었고 금융소득 종합과세도 강화되었다. 그 결과 2008년 이후 소득세와 법인세 세입은 동시에 감소했으나 2011년 이후 소득세 세입은 빠르게 증가하고 법인세 세입은 정체되는 대조적인 모습이 나타났다. 소득세의 경우 부동산 경기 활성화로 인한 양도소득세의 대폭적인 증가가 일부 반영되기도 했지만 종합소득세와 근로소득세 세수 증가도 빠른 편이다. 반면 법인세는 거의 정체되고 있는데 명목 GDP가 계속 증가하는 것을 고려하면 GDP 대비 법인세 세입은 줄어들었다고 볼 수 있다.

이명박 정부의 감세 정책으로 최대 수혜를 본 것은 대기업이다. 국회예산정책처(2014)에 따르면 2009년부터 2013년까지 5년 동안 62조 4000억 원의 세수가 감소했는데 그중 27조 8000억 원이 대기업과 중견기업에 귀속됐고 중소기업은 9조 4000억 원, 서민·중산층과 고소득층은 각각 9조 원, 8조 원의 혜택을 본다고 추정했다. 다른 연구들도 이명박 정부의 감세 정책의 최대 수혜자로 대기업을 꼽는 데 동의하였다. 이명박 정부의 세율 인하에 따른 소득세 감세 효과는 그 이후 소득 구간 조정이나 공제·감면 축소 등으로 2012년에 거의 모든 소득분위에서 거의 사라졌으나(김상조, 2014), 기업의 실효세율은 2008년에 비해 2012년에도 여전히 낮았다(전순옥 의원실, 2014).

고소득, 고자산 계층이 이득을 본 부분이 있고 그 규모도 작지 않다. 이

그림 1-14 소득세, 법인세, 소비세의 세수입 추이

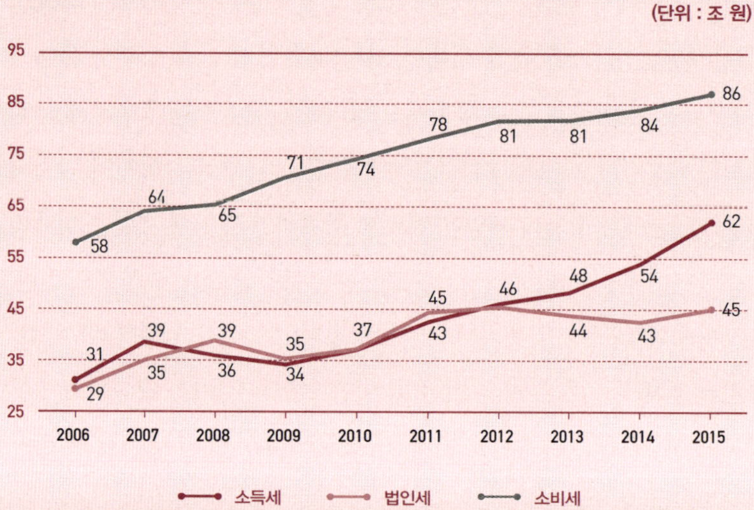

자료 : 국세통계(http://stats.nts.go.kr)

를 정리하면 첫째, 종합부동산세의 무력화로 고액 부동산 보유자가 이득을 누렸다. 또한 주택 취득세율 영구 인하, 다주택자 양도소득세 중과세 폐지 등 이명박 정부에서 추진된 부동산 세제 완화 정책도 고액 부동산 보유자에게 이득을 주었다. 둘째, 2015년부터 3년간 한시적으로 도입된 경기 활성화 3대 패키지세로 특히 배당소득자들이 이득을 보았다. 셋째, 2014년부터 가업 상속의 공제 적용 대상이 연 매출액 2000억 원 이하의 기업에서 3000억 원 미만 기업으로 확대되고 가업 상속 후 10년간 동일 업종을 유지해야 한다는 조건이 유사 업종 내 전환도 허용되도록 완화되어 기업 소유자에게 이득을 주었다.

세금을 안 내던 저소득층은 감세 이익을 보지 못한 한편 담배세 인상으로 세금 부담이 늘었다. 담배세 인상은 국민 건강을 증진한다는 명목하에 실시되었지만 서민들에게 부담을 지울 수밖에 없는 개편이었다. [그림 1-14]에서 소비세(부가가치세와 개별소비세의 합)는 소득세보다는 느린 속도지만 꾸준히 증가해 왔다. 여기에는 2015년 부가가치세 세입은 줄어든 반면 개별소비세는 담배세 세수 증가에 힘입어 증가한 부분도 있기 때문이다.

증세 없는 복지의 부작용

박근혜 정부는 복지 확대를 약속했지만 증세 없이 복지를 확대하려고 보니 제대로 할 수 없었다. 박근혜 정부가 대선 당시 약속했던 복지 관련 공약은 대선 승리 직후 이미 크게 축소되었다. 2013년 5월에 발표된 공약 가계부에서 핵심 복지 공약(노후생활보장, 무상보육·무상교육 확대, 맞춤형 급여 분야) 이행에 2013년 7000억 원을 시작으로 2017년에는 13조 4000억 원에 이르기까지 5년간 총 41조 9000억 원을 투입하겠다고 제시했다. 하지만 이러한 규모는 복지 공약을 실현하기에 부족할 뿐 아니라 지방정부 소요액은 아예 제외된 것이었다. 실제 공약 이행에는 지방정부 매칭비가 들어가므로 지방정부에 부담이 될 수밖에 없었다. 예를 들어 평균적으로 기초연금은 지방정부 매칭비가 50퍼센트, 보육은 25퍼센트다.*

이와 같이 박근혜 정부가 5년간 복지 프로그램에 대한 소요 재원을 과소 추정함에 따라 집권 이후 복지 프로그램은 중앙정부와 지방정부 모두에서 왜곡된 형태로 진행될 수밖에 없었다. 공약사업을 진행하기에 버거워 다른 재량적 복지사업들이 타격을 받을 수밖에 없게 된 것이다. 실제로 2014년 복지부 예산이 전년 대비 7조 원 정도 증가하도록 편성되었지만 그중 의무지출이 5조 2000억 원을 차지했다. 중앙정부 예산을 기준으로 보면 의무지출 이외의 기타 복지 관련 지출은 크게 변화가 없음을 알 수 있다. 이러한 예산 제약과 지방정부의 부담 때문에 국민들의 바람과는 다르게 박근혜 정부의 복지 공약 의지는 집권 1년 만에 실종되었다. 집권 2년 차인 2014년 연두 기자회견에서 박근혜 대통령은 경제민주화와 복지국가 건설보다는 '경제개혁 3개년 계획'을 강조함으로써 복지보다 성장에 중심을 두는 방향으로 선회했다.

감세 정책의 결과 : 경기침체 지속과 국가채무 증가

'증세 없는 복지 확대'와 더불어 박근혜 정부가 중요시한 재정정책의 목표는 건전재정이었다. 박근혜 정부는 2013~2017년 국가재정 운용 방향에서 재정 적자 규모를 점차 줄여 2017년 균형재정을 달성하겠다는 계획

* 박근혜 대통령의 공약사업이었던 누리과정은 당시에도 중앙정부 예산이 배정되지 않았다. 정부가 '2011~2015년 중기지방교육재정계획'에서 2015년 지방교육재정교부금 세입 규모가 49조 원에 이를 것으로 전망하면서도 누리과정에 중앙정부 예산을 전혀 배정하지 않았다. 그러나 실제 세입 규모가 39조 원밖에 되지 않아 누리과정에 대한 부담은 고스란히 지방교육재정 부담이 되었다.

을 밝혔다. 이를 위해 균형재정에 이를 때까지 총지출 증가율을 총수입 증가율보다 2~3퍼센트포인트 이상 낮게 유지하는 한시적인 재정준칙을 적용했다. 예를 들어 2014년과 2015년 예산안에서 재정지출 증가율은 명목 경제성장률에 미치지 못할 정도로 정부가 지출 증가를 억제했다. 이런 점에서 재정정책 기조는 긴축적이었다고 할 수 있다. 현대경제연구원(2015)에 따르면 우리나라의 재정정책은 2008년과 2009년 확장적 기조를 보였으나 2010년부터 균형적이거나 긴축적이었던 것으로 분석된다.

그러나 긴축적 재정정책 시행으로 인해 경기침체가 오히려 장기화되었다. 박근혜 정부는 재정지출 증가를 엄격히 관리해도 감세 정책과 부동산 시장 부양으로 경기가 살아날 것이라고 기대했으나 경기부양 효과는 기대에 미치지 못했다. 긴축적 재정정책을 운용하면서 여전히 기업들의 수출과 고소득층의 소비에 의한 낙수 효과에 기대어 경기를 진작시키려는 정책 성과는 기대 이하였던 셈이다.

이러한 경기침체는 세수 확보를 어렵게 해서 세수 결손 현상과 국가채무 증가를 야기했다. 2013년, 2014년 계속해서 8조 5000억 원, 11조 1000억 원의 세수 결손 문제를 겪었고, 국가채무 수준도 점차 증가하고 있다. 하지만 국가채무 수준이 심각한 문제는 아니다. 2013년 우리나라의 국가채무는 IMF나 OECD 등 국제기구와의 비교에서 사용되는 일반정부의 부채 기준으로 GDP 대비 39.6퍼센트이다. 이는 2012년 OECD 국가들의 평균 69.6퍼센트에 비해 낮은 수준이다. 그러나 국가채무 중에서도 대응 자산을 갖지 않는 순수 적자성 채무가 빠르게 증가하고 있다는 점이 매우 우려스럽다.

이러한 상황은 새로운 조세·재정정책 패러다임의 전환을 요구한다. 감세를 통한 경제 활성화가 성장과 분배라는 두 측면에서 효과가 없다는 것이 분명해졌다. 더욱이 경제 위기의 시기에는 재정정책의 역할이 더욱 중요해지고 있다. IMF의 수석 경제학자인 올리비에 블랑샤르와 다니엘 리(Blanchard and Leigh, 2013)는 경기침체 시기에는 확장적 재정정책의 효과가 평상시보다 더 커진다는 연구 결과를 발표했다. 즉 이전의 IMF 연구는 재정승수를 0.5로 가정했으나 두 학자는 최근 국제금융 위기 초기에 1 이상임을 발견한 것이다. 재정승수가 0.5라는 것은 재정지출을 아무리 늘려도 경제는 그 절반 밖에 성장하지 않는다는 의미로 대단히 비효율적인 성장이다. 이제는 감세가 아니라 적극적인 재정정책으로 패러다임을 전환할 때이다.

| **2장** |

새로운 규칙 만들기*

1. 재벌 개혁
2. 경제의 이중구조 해소
3. 자산시장의 안정화
4. 안정된 노동시장 만들기와 노동 교섭력 높이기
5. 경제적 안정을 보장하는 복지 시스템 구축
6. 공정한 조세 시스템 구축

---

* 2장의 내용은 2017년 책과공간에서 출간된 『한국경제의 새로운 규칙 만들기』(전병유 등저) 일부를 수정·보완한 것임.

1

재벌 개혁

과거 1970년대 이후 정부는 금융·조세 지원, 외자도입 승인, 수입 규제 등을 통해 대기업을 육성하는 경제정책을 실시했고 그 결과 재벌 체제가 구축되었다. 재벌 체제에서 특정 소수 대기업이 많은 경제력을 가지면서 특혜 시비가 일어나고, 불공정한 시장 경쟁 환경이 조성되었다. 외환 위기 이후 경영 투명성 제고에 대한 사회적 요구가 높아지자, '총수가치'를 중요시한 재벌들은 주주들에게 고수익 배당을 지급하며 단기 성과를 중시하는 '주주가치'와 어느 정도 암묵적인 타협을 했다. 그러는 동안 노동조합, 지역사회, 하청업체 등의 협상력이 급속도로 약화되었고, 직무 전문성 향상, 고용 안정, 대·중소기업 상생 발전 등과 같은 '이해관계자 가치'는 재벌 체제의 경제구조 속으로 사라졌다.

이제는 재벌의 총수가치를 견제하고 단기 수익을 중시하는 주주가치를 넘어서 사회적 가치를 담는 이해관계자 가치를 구현하기 위한 대책이 필요하다. 재벌 개혁을 위한 정책의 성공 여부는 경제민주주의에 대한 정치적 리더십 구축, 이해관계자의 세력 강화, 시민의 개혁 열망에 따라 좌우될 것이다. 이는 단순히 경제적 문제만이 아니라 정치·사회적 문제를 수반한다.

주주가치를 넘어 이해관계자 가치로

재벌 총수 일가는 소수의 지분을 가지고 계열사를 통한 환상형 순환출자, 또는 설립 요건이 완화된 지주회사 설립을 통한 다단계 출자를 통해 그룹 전반을 장악해 왔다. 이에 따라 기업집단에 대한 지배력이 총수 일가에게 집중되어 소액주주의 이익이 침해되었다. 총수 일가의 경영권 전횡과 경영권 세습을 위한 초·탈법적인 행위들도 일어났다. 외환 위기 이후 재벌 개혁에 따른 투명성 제고 과정에서 해외주주가 재벌 대기업의 주요 주주 지위를 차지했다. 이들이 단기 성과주의에 입각한 고배당금과 주가 관리를 요구하자 재벌들은 이러한 요구를 수용하는 한편 자사주 매입 등을 통해 경영권 세습 기반을 구축했다. 2000년대 세계경제의 호황으로 수출 중심 재벌들의 경영 성과가 좋아지면서 재벌과 외부주주 간의 동거가 시작되었다. 해외주주는 고배당과 단기간 시세차익만을 노린다. 왜냐하면 재벌 기업이 국제적인 경쟁력을 가졌던 제조업 분야에는 설비, R&D, 인

적자원에 대한 지속적인 투자가 필요한데, 고배당은 기업의 투자 여력을 저해하기 때문에 문제가 많다. 이러한 점에서 총수가치의 견제도 중요하지만 무분별한 단기 주주가치도 견제해야 한다.

총수가치가 계열사 간 다단계 출자를 통해 소수 지분을 가지고 대기업군을 지배하는 데에서 형성되었다면, 우선 이러한 고리부터 끊어야 한다. 2009년 폐지된 출자총액제한제도는 논란이 많은 소유 규제이기 때문에 전면적으로 시행된 적이 없지만, 이를 실행해 볼 수도 있다(전성인, 2012). 단 총량만 규제할 뿐 출자구조를 직접 규제하는 제도가 아니기 때문에 소유 지분과 지배력 간 괴리를 개선하기는 어렵다(김진방, 2012).

이러한 규제에 대한 보완책으로 순환출자 규제를 시행했다. 이를 통해 박근혜 정부는 지주회사로의 전환을 유도하여 지배구조의 투명성을 높이는 데 주력했지만 사실상 총수가치를 합법적으로 용인해 주는 셈이었다. 지주회사 체제가 총수가치를 견제하기 위해서는 설립 요건이 강화되어야 한다. 예를 들면 지주회사와 자회사로 분할할 때 지주회사의 자사주에 자회사의 주식 배정을 금지해야 하는 식으로 강화돼야 한다(김진방, 2012). 지주회사 부채 비율 강화(100퍼센트 → 200퍼센트), 자회사 또는 손자회사에 대한 최저 지분 상향 조정(상장 20퍼센트 → 30퍼센트, 비상장 40퍼센트 → 50퍼센트) 등과 같이 양적 규제 강화도 고려할 수 있다. 지주회사 설립과 전환을 촉진하기 위해 과세특례의 일몰 시한이 2018년까지 연장되었는데 이 또한 철회될 필요가 있다.

재벌 기업의 경영 형태를 규제하는 '기업집단법'을 제정하지는 않더라도 지주회사의 요건 강화에 그룹 차원의 공동결정제도 또는 노동자 대표에 의한 경영감시제도 도입에 대한 조항을 마련하는 것은 양적 규제 강화를 넘어 의미 있는 개혁 과제가 될 것이다(송원근, 2016). 계열분리명령(청구)제와 기업분할명령(청구)제 도입도 총수 지배력을 직접적으로 규제하는 강력한 수단 중 하나이다(김상조, 2012 ; 송원근, 2016). 두 제도는 시장 지배력이 과도하거나 시장의 기능이 정상적으로 작동하지 못할 경우 경쟁질서를 회복하기 위한 수단이다. 이러한 명령제는 경쟁력 집중에 대한 교정 수단으로 공정거래법에 도입되거나 금산분리 원칙을 준용하여 금융감독 당국이 명령하는 방식으로 도입될 수 있다(전성인, 2012). 기업분할명령제는 독과점 여부에 대한 법적 판단에 논란의 여지가 있지만, 미국의 반독점법처럼 재벌이 법을 의식하지 않을 수 없기 때문에 규율 효과가 있을 것으로 기대된다(송원근, 2016).

재벌을 규율하기 위해 노동자의 대항력 또는 국가권력을 동원할 수도 있다. 노동자의 협상력이 약하고 시장이나 금융을 통한 규율이 제대로 작동하지 않는 상황에서는 재벌 권력을 규율하기 위한 국민연금의 역할론도 대두된다. 기관 투자가로서 국민연금 주주권 행사가 재벌의 지배구조를 개선하는 데 역할을 할 수 있다. 이를 위해 국민연금의 주주권(의결권) 행사, 주주 대표 소송 참가, 사외 이사와 감사 후보 추천, 비공식적 주주권 행사, 증권 관련 손해배상 소송, 기업지배구조펀드를 통한 위탁 운용 등 주주권 행사 범위를 확대해야 한다(김우찬, 2015). 하지만 주주권 행사 범위가 확대된다고 해서 문제가 해결되는 것은 아니다. 국민연금이 재벌 기업의 대주주로서 재벌 경영을 견제하기 위해서는 국민연금의 투명한 의사결정이 우선이다(송원근, 2016). 삼성물산과 제일모직이 합병했을 때 국민연금이 보여 준 비민주적이고 불투명한 의사결정은 공적 기관을 활용한 재벌 규율이 쉽지 않음을 보여 준다. 국민연금의 시장 규율은 단기적인 주주 이익의 극대화에 머물러서는 안 되며 일자리 보호나 장기 투자 등과 같은 사회적 쟁점을 포함해야 한다.

일감 몰아주기 규제

대기업의 일감 몰아주기는 시장 경쟁을 우회하여 부의 이전과 경영권 세습을 용인하는 수단으로 중소·중견기업의 사업 생태계를 교란하고 공정 거래 질서를 무너뜨릴 수 있다. 즉 대기업이 재벌 총수의 직계 혹은 일가가 지배하는 계열사와 비계열사에 유리한 조건으로 일감을 몰아주면서 부당하게 이득을 취하는 동시에 일감을 수주할 수 있는 중소·중견기업의 사업 기회도 제한한다.

일감 몰아주기 규제는 총수 일가의 지분이 30퍼센트 이상(비상장사 20퍼센트)인 대기업의 내부거래액이 연간 200억 원을 넘거나 연 매출액의 12퍼센트를 넘을 경우에 적용된다. 그러나 대기업은 일감 몰아주기 규제법 시행 이후 규제 대상 계열사와의 거래를 줄이고 규제 대상이 아닌 계열사와의 거래를 늘리는 등 편법을 활용하여 규제를 회피하고 있다. 또한 합병, 상장을 통해 총수 일가의 지분을 규제 기준치 이하로 줄이는 방법으로 일감 몰아주기 규제를 피하고 있다.

이를 해결하기 위해서는 무엇보다도 규제 조건을 강화해야 한다. 예를 들어 규제 대상이 되는 재벌 계열사의 총수 일가 지분을 현행 상장회사 30퍼센트, 비상장회사 20퍼센트에서 상장·비상장 구분 없이 20퍼센트로 강화하고 규제 대상 총수 지분율을 총수 일가의 직접 소유 지분에 다른 계열사를 매개로 하는 간접 지분까지 포함해야 한다. 또한 일감 몰아주기로 혜택을 받는 회사의 상장 차익에 대한 증여세 부과도 고려할 필요가 있다(하준·정인환·채이배, 2015).

재벌 대기업 불공정 지원 축소와 법인세 인상

법인세 인상에 대한 논쟁은 항상 끊이지 않고 있다. 복지 재원을 마련하고 세수 부족을 타개하기 위해서는 명목 법인세율을 22퍼센트에서 25퍼센트로 되돌려야 한다는 주장이 있다. 과거 박근혜 정부는 세계적으로 법인세 인하 경쟁이 있기 때문에 법인세율 인상을 반대했다. 특히 각종 공제·감면을 받더라도 반드시 내야 하는 최저 납부 세율이 2012년 14퍼센트에서 2015년 17퍼센트로 매년 인상되고 각종 비과세·감면이 축소되어 실질적으로 법인세 인상 효과가 발생했다고 주장했다.

2013년 세법 개정을 통해 최저 납부 세율이 16퍼센트에서 17퍼센트로 인상되고, 대기업의 고용창출투자 세액공제가 2~3퍼센트에서 1~2퍼센트로 축소됐으며, 각종 시설투자 세액공제의 정비가 이루어졌다. 2014년 세법 개정을 통해 대기업 고용창출투자 세액공제가 폐지되었으며, R&D 세액공제율이 인하되었다. 2015년에도 세법 개정을 통해 업무용 승용차 과세제도가 합리화되었다. 박근혜 정부는 비과세·감면 정비 효과로 대기업의 실효세율이 지속적으로 높아질 것이라고 강변했다.

비과세·감면 정비 효과에도 불구하고 예상만큼 대기업의 실효세율이 떨어지지 않는 것은 대기업이 여전히 국제적 이중과세 방지를 위해 외국 납부 세액공제, 투자와 R&D 관련 세액공제 등을 통해 많은 혜택을 보기 때문이다. 따라서 조세 형평성을 위해서는 이러한 비과세·감면에 대한 정비를 더 강력히 해야 한다. 예를 들어 신성장 산업 R&D 지출 비용에 대한 세액공제율의 경우, 중소기업은 변동이 없으나 대기업은 20퍼센트에서 최대 30퍼센트까지 상향 조정됐는데 신성장 산업의 육성도 중요하지만 관련 세액 정비도 병행되어야 한다.

상위 극소수의 기업으로 경제력이 집중되고 있는 점을 고려하면, 법인세 누진율도 강화할 필요가 있다. 막대한 초과이윤을 내는 기업을 겨냥하여 과세표준 기준 500억 원을 초과하는 법인에 대한 법인세율을 22퍼센트에서 25퍼센트로 상향 조정하고, 과세표준 5000억 원 초과 구간에 있는 법인의 최저 납부 세율을 17퍼센트에서 19퍼센트로 2퍼센트포인트 높여야 한다.

공평한 손실 분담과 경영 책임 원칙

2016년 9월 국내 최대 해운회사인 한진해운이 파산하여 법정관리에 들어갔다. 이러한 법정관리 사건은 2007년 116건에서 2015년 925건으로 8배 정도 폭증했고, 2016년에는 936건으로 최고 수치를 기록했다. 기업 지원에 기초한 수출주도의 공급주의 성장 체제는 대외적으로 불확실한 환경 변화와 대내적 과잉투자로 인하여 주기적으로 경제 위기를 맞게 된다. 따라서 일정한 시점에 기업의 구조조정이 필요하다. 박근혜 정부는 조선, 해운, 철강, 석유화학, 건설 등을 5개 취약업종으로 지정하고 구조조정을 했다. 이들 산업은 모두 거대한 자본 투자가 필요한데, 특히 건설업은 통화량 증대로 주택가격 거품이 일어나면 부실화 가능성이 크다.

2016년 한국은행 금융안정보고서에 따르면 이자 보상 배율이 100퍼센트 미만, 즉 영업이익으로 원금은커녕 이자도 못 갚는 한계 기업이 외부감사를 받아야 하는 비금융 법인 2만 4,392개 중에서 3,000개가 넘는다. 그 비중은 13퍼센트 정도에 달하며 2010년 이후 꾸준히 증가하는 추세이다. 또한 원리금 상환이 어려운 부실징후기업의 비율도 2014년 37.0퍼센트로 2010년 25.6퍼센트 이후 해마다 늘고 있다. 기업 부실의 원인은 단순한 외부 수요 부진이나 세계적 경기침체에 기인한 것이 아니다. 개발 시대에 수출·제조업 위주의 체제에 안주한 채 국내시장에서 독과점적 지위를 구축하고 각종 지원성 금융·세제·고용구조에 길들여진 대기업 집단이 부단한 혁신과 경쟁력 향상을 소홀히 하는 데 주요 원인이 있다(하준, 2016).

한계 기업의 증가는 자원 배분의 비효율성으로 인해 경제성장 제약, 금융 시스템 불안을 야기하기 때문에 경영 정상화든 시장 퇴출이든 효율적인 구조조정이 요구된다. 그러나 기업 구조조정은 부실기업의 인수합병, 인수기업에 대한 자금 지원, 대량 해고 등의 문제를 수반한다. 부실기업의 구조조정은 단기적으로 재정 부담과 경제적 고통이 따르지만 장기적으로 경영 정상화와 산업구조 개선이라는 성과를 보장해야 한다. 특히 기업 실패에 대한 책임 소재를 분명하게 하는 것이 '이익의 사유화와 손실의 사회화'라는 기업 실패의 도덕적 해이를 방지하고 구조조정의 효율성을 높이기 위한 선결 조건이 된다.

과거 경제 위기에 따른 부실기업의 구조조정은 정부 주도의 강제적 조정이었지만, 1997년 경제 위기 이후 대규모 공적 자금이 투여되면서 금융기관 주도로 진행하는 기업 개선 작업이나 법정관리 등 기업 구조조정의 경험을 축적해 왔다. 그러나 부실기업에 대한 구조조정을 정부가 강제로 하던 방식에서 벗어나 시장에서 제도적으로 이루어질 수 있는 틀을 구축하는 데에는 아직 부족하다.

2015년에는 부실기업의 구조조정을 다루는 기업구조조정촉진법이 재연장되었고, 회생·파산 절차를 밟는 기업을 관할하는 통합도산법이 도입되었다. 기업의 분할과 합병 등 기업의 사업 재편을 지원하는 「기업 활력 제고를 위한 특별법」도 재벌에 대한 특혜 가능성에도 불구하고 부실징후기업의 선제적 구조조정이 필요하다는 이유로 국회에서 통과되었다. 기업의 부실 가능성부터 회생과 파산에 이르는 기업의 생애 전 과정을 규율하는 법체계가 갖춰졌다는 평가도 나오고 있다.

그러나 여러 가지 방식의 구조조정이 갖춰졌다는 것은 채무자의 선택권을 확대하는 긍정적 효과보다 기존 지배권 보전의 연장 수단으로 오용되어 사회적 비효율을 높일 수 있는 부정적 효과도 있다. 최근 기업 부실이 심화되는 데도 구조조정이 이루어지지 않는 것은 관련 법이나 제도가 부족하기 때문이 아니라, 기업 총수가 개인적인 대가는 지불하지 않으면서 구조조정 비용의 사회화나 각종 지원에 의존하기 때문이다(하준, 2016).

결국 구조조정에서 무엇보다 명확히 해야 할 것은 기업의 부실 과정에서 발생한 불법·부당행위, 회사에 손실을 끼친 기업 총수의 형사적·민사적 책임, 기존 경영진의 책임 등을 분명히 하는 것이다. 부실기업을 적기에 효과적으로 구조조정할 수 있는 시스템을 구축하기 위해서는 먼저

기업 실패에 대한 최고 경영진의 책임을 물어야 한다.

최근 대우조선이나 한진해운의 구조조정 과정에서 부실기업 지원을 위한 자금 조달 문제만 집중 부각되고, 보다 중요한 부실 원인과 규모의 규명, 책임자 손실 분담 문제는 간과되었다. 부실 경영, 관리 등에 책임을 져야 할 기업과 대출을 한 국책은행은 책임에서 빠지고 부실기업의 대출로 인한 금융기관 손실을 예금자와 납세자에게 전가시킨 것이다.

외환 위기 당시 부실기업 정리 과정에서 막대한 공적 자금이 투입됐지만 그 자금은 투명하게 집행되지 않았고, 부실 경영과 관리 책임에 대한 기업과 금융권에 대한 책임 추궁도 철저하게 이루어지지 않았다. 최근 기업이 구조조정을 다시 해야 하는 상황에서 외환 위기 당시 경험을 반면교사로 삼아 '이득의 사유화와 손실의 사회화'는 절대로 용납되지 않는다는 강한 원칙이 정립되어야 한다.

우리나라는 부실기업의 인수합병이 이루어지는 시장기구나 부실기업의 파산을 법적으로 정리할 수 있는 파산법원과 회생법원이 제대로 갖춰져 있지 않기 때문에 채권단 중심의 구조조정에 의존할 수밖에 없다. 그 과정에서 채권단의 도덕적 해이와 감독 당국의 관치로 인해 구조조정의 투명성과 신뢰성을 확보하지 못하는 경우가 많다. 이를 법과 제도의 정비만으로 해결할 수는 없다. 구조조정 과정에 대한 투명한 정보공개와 관리 감독이 이루어질 수 있는 행정체계 구축과 시민 감시 기능이 필요하다.

구조조정 과정에서 부실기업에 공적 자금을 투입할 경우, 단기적인 회계를 통한 손실 처리에 급급할 것이 아니다. 오히려 노동자 등 이해관계자가 회생할 수 있는 통로를 마련하는 것을 고민해야 한다(송원근, 2016).

부실기업이 빠른 시일 안에 정상화되기 위해서는 단기적 재무 해법이 꼭 필요하지만 그 처방에만 기대면 해당 기업의 경쟁 우위가 침해될 수가 있다. 그렇기 때문에 장기적으로는 해당 지역의 숙련 고용을 유지하는 방향으로 부실기업의 구조조정이 이루어져야 한다(전병유·정준호, 2015). 부실기업의 정상화는 단기적인 재무 지원만으로는 해결될 수 없다. 기업의 경쟁 우위를 갖기 위해 숙련된 노동자의 고용 안정도 같이 이루어져야 한다.

2

경제의 이중구조 해소

공정한 시장 규칙 만들기

지식은 공공재적 성격 때문에 외부로 파급되어 생산성을 높일 수 있다. 이러한 지식의 외부성으로 인하여 지식 기반 경제에서 경쟁력은 기업의 역량보다는 네트워크 역량에 의해 결정되고, 협업을 통한 혁신이 경쟁력의 원천이 되고 있다. 그러나 협력하는 기업들 사이에 경제력 격차가 클 경우 네트워크는 부정적 효과를 증폭시킬 수 있다. 이로 인하여 독점적 지위를 가진 대기업이 중소기업의 이익을 배제하고 편익을 독점하는 불공정거래가 가능하게 된다. 그렇기 때문에 공정한 시장 규칙을 만들어 대기업과 중소기업이 동등한 수준에서 경쟁과 협력이 가능하도록 적절한 규제와 보호가 필요하다. "대기업의 독점력에 대한 확고한 공적 통제가 필요하다. 공정거래 기반 강화라는 시장 친화적 정책으로 신뢰를 회복하고 대기업과 협력 기업의 격차를 해소해야 한다. 하도급 관계에서 대기업이 우월적 지위를 활용하여 협력 기업에 대해 납품단가 인하, 기술 탈취, 인력 빼가기 등 불공정거래를 하는 것을 엄단해서 공정하고 투명한 수평적 거래 관계를 구축할 필요가 있다(전병유·정준호, 2015)."

이를 위해서는 공정거래위원회가 본연의 역할을 다할 수 있도록 제도 개혁이 필요하다. 공정거래위원회의 업무 처리 방식은 불공정거래를 해결하기에 부적합하다. 고발권을 공정거래위원회만이 가지는 독점권도 문제가 된다. 공정거래위원회의 '전속고발권'을 제한하는 취지에서 검찰총장, 감사원장, 조달청장, 중소기업청장의 고발요청권이 확대됐지만, 이들이 고발한 사건 수는 많지 않다. 불공정거래 신고 후 공정거래위원회 결과가 나오기까지 거의 1년이나 걸리고 결과에 대해 행정소송 불복이 불가능하는 등 피해 당사자도 곤란을 겪을 수도 있기 때문에 제도적, 행정적 보완이 필요하다.

공정거래위원회의 고발이 있어야 검찰이 수사를 할 수 있는 전속고발권 제도를 폐지하여 경찰과 검찰이 능동적으로 불공정거래 행위에 대한 수사를 할 수 있도록 하고, 광역지방자치단체장에게도 고발요청권을 부여해야 한다. 공정거래위원회의 업무가 과중하기 때문에, 지방자치단체로 조사 권한을 위임하고 중앙정부는 이를 지원하고 감독하는 역할을 해야 한다.

우리나라 제조 분야의 중소기업 절반 정도가 대기업 하청을 하는 하도급 업체이다. 그런데 이 하도급 거래가 매우 불공정하게 이루어지고 있다. 원청 대기업은 주기적인 단가 인하 요구를 관행적으로 하고, 중소기업의 기술과 인력 편취도 늘 있는 일이다. 대기업은 협력사의 기술능력 향상으로 원가절감이 이루어진다고 가정하고 단가 이하를 강요하는 관행을 유지해 왔다. 따라서 하청 중소기업의 기술 개발 활동에 따른 혁신 이익이 하청 중소기업에게 보상되지 않고 원청인 대기업에 귀속되므로 하청업체의 기술 개발 투자 유인이 약화되는 것이다. 이에 대해서 2011년 하도급법 개정으로 중소기업중앙회 등 중소기업을 대변하는 단체가 납품단가 협상을 요구하면 의무적으로 협의에 응하도록 하는 납품단가 협상 의무제와 재료비 인상을 납품단가에 반영하는 납품단가 연동제를 도입했다. 하지만 원청 대기업은 인건비 인상은 제외하고 재료비 인상의 일부만을 반영하는 부분 원가 연동 방식을 취하는 데 그쳤다. 즉 최저임금 인상은 납품단가 인상에 반영하지 못했다.

이에 대해 2012년 대통령 선거에서 징벌적 손해배상제도, 집단소송제도 등의 확대로 피해 당사자를 민사적으로 구제할 수 있는 대안이 제시되었다. 그 결과 2013년 '경제민주화 1호' 법안으로 징벌적 손해배상제도 확대,* 중소기업 협동조합의 납품단가 협의 조정권, 분쟁 조정 신청권 부여 등을 내용으로 하는 하도급법 개정안이 국회를 통과했다. 하청업체가 부당한 단가 인하나 기술 편취, 기술 유용 등의 행위로 피해를 볼 경우 원청업체에 그 피해액의 최대 3배까지 배상책임을 물을 수 있도록 피해 구제 관련 제도 개선도 추진되었다.

* 2013년 기술 탈취 행위, 부당 대금 감액, 부당 위탁 취소, 부당 반품 등 징벌적 손해배상제도가 도입됐다.

이렇게 마련된 제도가 여러 가지 이유로 제대로 시행되지 않고 있다. 하청업체의 교섭력이 약한 상황에서 이러한 제도를 적극적으로 사용하기는 어렵다. 기술 편취에 대한 징벌적 손해배상의 경우, 수천만 원에 달하는 감정 비용을 중소기업이 감당하기 어렵고, 손해배상이 인정된다고 하더라도 배상 비용은 기술 편취를 복구하기에 미흡하기 때문이다.

중소기업과 자영업의 집단교섭권 보장

공정거래위원회의 행정개혁, 징벌적 손해배상제도 등은 대·중소기업 간 수직적 거래를 공정하게 만드는 기초적인 규칙과 제도이지만, 사후 규율의 성격이 강하고 규칙과 제도 실행에 많은 비용이 든다. 종속적 원하청 관계에 있는 중소기업이 손해배상 소송을 제기하는 것은 국내 현실상 어렵기 때문에 거의 사례가 나오지 않고 있다.

공정거래 기반 강화라는 시장 친화적 규칙과 제도는 경제의 이중화를 해소하기 위해 필요한 조건이지만 중소기업의 수평적인 협력과 공동행위도 보장되어야 한다. 대·중소기업 간 공정거래 관계를 확립하는 데 있어 무엇보다 중요한 것은 중소기업 상호 간의 수평적 네트워크를 활성화하여 교섭력을 강화하는 것이다. 이제까지 대·중소기업 간 거래는 대등하고 자유로운 계약적 거래라기보다는 협상력 격차가 존재하는 거래이기 때문에 공정한 계약을 맺기 어려웠다. 그렇기 때문에 중소기업의 수평적 네트워크를 활성화하여 교섭력을 강화시킬 필요가 있다.

우리나라 중소기업의 수평적 네트워크는 매우 취약하다. 일본 중소기업의 협동조합 조직화율이 70퍼센트 수준을 넘는 데 비해 우리나라는 10퍼센트 미만에 불과하다. 중소기업의 수평적 네트워크를 활성화하여 교섭력을 강화해야 하는데 이를 위한 제도적 수단은 공정거래법 제19조의 '담합 금지 규정'에서 중소기업의 단체교섭을 예외로 인정하는 것이다. 현재 '중소기업 경쟁력 향상'을 담합 금지의 예외 인정 사유 중 하나로 열거하고 있지만, 그 인가 요건과 절차가 너무 엄격하여 이를 적용한 사례가 매우 드물다. 그렇기 때문에 인가 요건과 절차를 완화하여 중소기업의 단체교섭권을 인정함으로써 수평적 관계를 유지할 수 있다. 또한 법은 해당 주체가 이를 적극적으로 활용할 수 없는 경우 사문화된다.

중소기업이 협동조합을 통해 대기업과 집단교섭하여 불공정 관계를 해소할 수 있다. 중소기업과 자영업 단체의 단결권, 교섭권, 협약 체결 요구권 등을 제도적으로 지원하고 보장하는 입법과 지원 행정이 필요하다. 예를 들어 협치 행정 차원에서 서울시는 불공정피해상담센터를 운영하고 있고 경기도는 지방자치단체로는 처음으로 공정거래과를 신설하여 가맹점주 단체나 대리점주 단체를 지원하고 있다.

소상공인과 자영업자의 경제적 기반 확충

소상공인과 자영업자의 수는 지속적으로 감소하고 있지만 우리나라 경제에서는 여전히 높은 비중을 차지하고 있다. 따라서 이들의 경제력이 열악하다 하여 구조조정을 하는 것은 사회적 파장이 매우 클 수 있다. 스웨덴의 연대 임금 전략과 같이 영세 자영업과 영세 중소기업의 비공식 부문을 상대적 고임금과 사회적 보호로 구조조정하는 방안보다는 소기업·자영 체제의 생산과 자산 기반을 보호·확충하는 방안과 최저임금의 상향조정 방안을 결합하는 것이 유용할 것으로 보인다. 이는 소기업·자영 체제의 지속가능성을 보장하여 저임금 노동력의 공급 압력을 줄임으로써 저임금 노동시장을 개선할 수 있다. 소기업·자영 체제의 과도한 비중을 줄일 필요는 있지만 이를 일방적으로 구조조정하는 것은 성장과 불평등 해소에 기여할 수 없다. 또한 최저임금 인상과 임대권·상권 보호라는 제도뿐만 아니라, 소기업과 자영업이 지속 가능한 경제 단위를 형성하도록 하는 다양한 실험이 개발될 수 있는 정책적 거버넌스를 창출할 필요도 있다(전병유·정준호, 2015).

최근 재벌 총수 일가의 3세들이 일감 몰아주기 방식으로 서비스 업종에 대거 진출하여 골목상권을 위협하고 있다. 대기업 일가의 무차별 사업 확장은 중소기업·소상공인의 업종이라 할 수 있는 도매·소매 유통업, 식자재 납품업, 음식점업, 공구상, 문구업 등 골목상권을 침해한다. 그렇기 때문에 소상공인과 자영업자의 경제적 기반과 생존권을 보장하기 위해 중소기업 적합업종 지정이 필요하다. 우리나라는 대·중소기업 간의 격차가 심하기 때문에 우선은 대기업이 자금력을 동원하여 중소기업 적합업종을 침범하고 그럼으로써 공정거래를 저해하는 일이 없도록 제도적 진입 장벽을 마련해야 한다(정준호, 2012).

과거에 중소기업 고유업종제도가 있었으나 2006년 규제 완화 차원에서 폐지됐다. 그리고 대안으로 2010년 동반성장위원회에서 대기업과 중소기업 사이의 사회적 합의를 통한 적합업종 지정제도와 사업조정제도가 도입되었다. 그러나 적합업종 지정이 대기업과의 합의를 전제로 하는 것이기 때문에 대기업의 소극적인 태도로 적합업종 지정이 지연됐다. 이로 인해 지정되는 적합업종이나 적합품목도 많지 않으며, 적합업종 지정에 합의해도 대기업이 실제로는 사업 철수를 하지 않고 있다. 또한 사업조정제도도 중소기업청의 소극적 태도로 사후 권고 수준에 그쳐 오랜 조정 기간 동안 대기업이 사실상 시장을 잠식했다.

이를 방지하기 위해 중소기업청장의 행정처분으로 적합업종을 지정하고 실행력을 담보하는 적합업종 보호 관련 제도를 마련해야 한다. 「중소기업 적합업종 특별법」을 통해 중소기업청이 심의위원회의 심의를 거쳐 적합업종을 지정하고 적합업종에서 사업 이양 등을 하지 않는 경우 형사적·행정적 제재를 수반하는 방안을 도입해야 한다.

자영업자에게 가장 부담이 되는 영업 비용 항목은 임대료이기 때문에 낮은 임대료 인상과 안정적인 임차 기간 보장은 매우 중요하다. 총비용에서 임대료는 20~30퍼센트에 달한다. 2015년 상가건물 임대차보호법 개정안이 국회 본회의를 통과하여 상가권리금보호제도가 신설되었고 건물 매매로 인한 소유권 변동 시 계약갱신보호 등의 조항이 포함되었다. 다만 재건축과 재개발로 인한 임차인 피해 방지 대책, 환산보증금제도* 폐지, 권리금 분쟁조정위원회 설치 등 누락된 부분은 추가적으로 반영돼야 한다. 상가건물 임대차보호법을 개정하여 상가임대차 계약갱신요구권 보장을 현행 5년에서 10년으로 연장하고, 재건축 시 우선 임차권을 보장하는 방안, 법으로 인정하지 못했던 권리금을 인정하는 상가 권리금 양수·양도 방안 등도 적극적으로 검토해야 할 것이다.

---

* 환산보증금이란 「상가건물 임대차보호법」에서 대통령령으로 정하는 보증 금액으로 이 금액 이하의 상가 임대차에만 임대료 인상 상한 설정, 계약 갱신 요구권, 대항력, 우선 변제권 등의 권리를 부여하고 있다.

3

자산시장의 안정화

외환 위기 이후 금융 자유화로 부동산시장과 금융시장 간의 연계가 심화되고 있다. 또한 부동산가격의 상승과 가계금융 확대로 자산시장의 불안정성과 가계의 자산 불평등이 야기되기도 했다. 부동산시장에 대한 거대한 투기는 심각한 가계부채와 주거문제를 양산한다. 그렇기 때문에 우리나라 국민의 대표적인 자산인 부동산가격을 안정화하는 것은 시급한 과제라 할 수 있다. 부동산가격 변동에서 은행 대출 금액이나 금리와 같은 금융 변수는 매우 중대한 역할을 한다.

자산시장 안정화를 위한 여러 대책이 있지만 정책 입안과 수행에 걸리는 시간을 감안하여 단기, 중·단기, 장기 대책으로 나눌 수 있다. 여기서 단기 대책은 정책 형성과 실행에 걸리는 입법화 없이 곧바로 가능하고, 장기 대책은 입법화를 위한 일정한 시간이 소요되는 것으로 구분된다.

단기 : 부동산금융 규제 강화와 주택 임대소득세

외환 위기 이후 저금리 기조에서 유동성이 풍부하고 대출 조건이 쉬워져 부동산가격이 계속 상승하게 되었다. 금리를 통제하게 되면 경제 전반에 미치는 효과가 크기 때문에 부동산시장의 안정을 위해서는 이를 섣불리 활용하지 않는다. 이러한 제약을 고려하면 대출 총금액에 대한 제한 조절은 거시건전성 대책의 일환이라 할 수 있다.

부동산시장에서 LTV, DTI와 같은 거시건전성 대책은 신용에 제한을 두는 정책 수단이다. LTV와 DTI는 각각 2002년 9월과 2005년 8월에 도입됐으며, 지역별로 규제 조건이 다르게 적용된다. LTV는 금융기관의 사후 손실을 줄이는 규제 수단이고, DTI는 경제적 상환능력을 상회하는 초과 대출을 방지하여 금융 소비자를 보호하는 사전 규제 수단이다. 따라서 LTV는 주택가격의 충격 완화에, DTI는 소득의 충격 완화에 목표를 두고 있다(허석균, 2008). 위 규제는 이명박 정부와 박근혜 정부에서 부동산 활성화를 통한 경기 진작을 위해 점차적으로 완화되었다.

LTV와 DTI 규제 도입 이후 주택담보대출의 증가 규모가 줄었으며 주택가격 상승률 또한 떨어졌다. 하지만 규제를 회피하기 위한 '풍선 효과'가 발생하는 등 역효과도 나타났다. 즉 규제 대상이 아닌 상업용 부동산 담보대출 또는 비주택담보가계대출이 증가했다(한국은행, 2015).

LTV와 DTI의 부동산금융 규제가 주택가격에 미치는 효과 분석에 의하면, 주택가격 변동에 효과적으로 영향을 미치는 것은 DTI 규제이다. DTI 규제 강화와 완화에 따라 주택가격의 변동이 예상대로 나타났지만, LTV는 규제가 완화될 경우에만 예상 결과가 나타났다(정호성·이지은, 2016). 따라서 담보(stock) 중심이 아니라 소득(flow) 중심의 대출 심사 요건을 강화하는 것이 가계부채 완화와 주택시장 안정화에 기여한다고 볼 수 있다.

하지만 부동산금융 규제만으로는 앞서 말한 부작용이 나타날 수 있다. 이를 고려하여 금융 규제 당국이 금융기관에 대한 상시적인 감시·감독을 통해 LTV와 DTI 금융 규제를 경기변동에 따라 유연하게 운영할 필요가 있다(한국은행, 2015). 이러한 금융 규제는 의도하지 않게 소득 흐름이 불안정한 저소득층의 신용 접근성을 제약할 수 있기 때문에 이들 계층에 대한 별도의 제도적 장치가 필요하다.

저금리 기조가 장기화되고 경제가 저성장에 진입함에 따라 기대 매매가격의 상승 여지가 줄어들면서 주택 임대수입에 대한 관심이 높아지고 있다. 임대수입의 수익률이 시장 금리를 훨씬 상회함에 따라 전세의 월세화가 가속화되고 있다. 주택 소유자는 임대를 통해 주택 유지 비용과 부동산 관련 조세부담을 감안하더라도 초과 수익을 거두고 있다. 하지만 이러한 임대소득에 대한 과세는 제대로 이루어지지 않고 있다.

박지웅(2015)에 따르면 2주택 이상 다주택 소유자는 136만 5,000명이고, 3주택 이상 소유자는 21만 1,000명이다. 2013년 귀속분 기준 주택 임대소득 납세자 수는 10만 3,000명으로 2주택 다주택자의 7.5퍼센트에 불과하고 이들이 신고한 수입금액은 1조 6793억 원이다. 그런데 전·월세

임대가구가 747만 가구 규모이고 여기에 연평균 600만 원의 간주임대료를 기계적으로 적용하면 임대소득은 약 45조 원 규모이다. 물론 정확한 수치는 아니지만, 최근 임대소득세 규모가 터무니없이 작다는 것을 짐작할 수 있다. 따라서 임대소득 과세의 정상화는 반드시 필요하다.

주택 임대소득세는 2000년에 도입되었지만 한동안 유명무실하다가 2011년 3주택 이상 소유자의 전세 보증금에 대한 간주임대료 과세제도가 도입되면서 관심의 대상으로 부상했다. 이를 통해 '1주택 소유자 비과세, 월세의 경우 2주택 이상 소유자 종합과세, 전세의 경우 3주택 이상 소유자 종합과세의 원칙'이 수립되었다(전강수, 2016). 그 후 2014년 2월 「과세 자료의 제출 및 관리에 관한 법률 시행령」 개정을 통해 주택 임대계약 자료의 국세청 제출이 의무화되면서 임대소득 과세 정상화가 추진되려 했으나 임대인의 강력한 반발로 시행이 유예되었다. 그리고 연간 2000만 원 이하 월세 임대소득에 대한 과세는 분리과세로 전환되고, 이에 대한 과세도 최근 다시 유예되어 2019년부터 실시된다.

예를 들어 임대소득이 연 2000만 원인 경우 분리과세 기준으로 세액은 연 56만 원이지만, 건강보험료는 326만 원에 달해 임대수익률이 약 1퍼센트포인트 정도 하락하게 된다. 이 때문에 특히 은퇴한 고령층 임대인의 반발이 거셌다. 이러한 사정을 고려하여 임대소득 과세에 대한 유예기간의 장기화와 비과세·감면이 수용되었다. 이에 따라 임대소득세의 효과는 크지 않을 것이다(박지웅, 2015).

임대소득세가 실질적인 정책 효과를 발휘하기 위해서는 몇 가지 제도 개선이 필요하다. 첫째, 부동산 임대소득을 사업소득으로 볼 것인가, 자산소득으로 볼 것인가에 대한 규정이 필요하다. 현재는 사업소득으로 인정되어 광범위한 필요경비나 기본공제율이 허용되고 있다. 입법 예고된 임대소득세는 연간 임대소득이 2000만 원 이하인 2주택자의 경우 필요경비(임대소득의 60퍼센트)와 기본공제 400만 원을 공제한 금액에 14퍼센트의 단일세율로 분리과세를 한다. 하지만 이를 자산소득으로 간주하면 필요경비와 기본공제를 낮출 필요가 있다(박지웅, 2015).

둘째, 특례로 인한 비과세 · 감면 효과가 크다. 임대소득이 연간 1000만 원 이하(월세 83만 원 이하, 전세 8억 7500만 원 이하)는 비과세 대상이다. 그리고 1000만 원 초과 2000만 원 이하(월세 83만 원 초과~167만 원)는 모든 소득을 합산하여 누진과세하는 종합소득 과세(누진세율 6~38퍼센트) 대신 분리과세(단일세율 14퍼센트)를 선택할 수 있다. 임대소득이 2000만 원을 초과하면 종합소득 과세 적용 대상이다. 기준 시가가 9억 원 이하인 1주택 소유자의 임대소득은 과세 대상에서 제외된다. 조세정의 원칙에 따르면 모든 소득은 종합소득 기준으로 누진과세하는 것이 타당하다.

셋째, 3주택 이상 소유자가 취득한 전세 보증금의 일정 비율을 임대소득으로 산정하고 세금을 부과하는 것이다. 소유자 입장에서 보증금은 부채이지만 다른 자산에 투자하여 소득을 얻는 경우 이자·배당소득세와의 이중과세 문제가 발생한다. 따라서 전세 보증금에 부과되는 간주임대소득의 과세 방안이 유예되고 월세소득에 대한 과세가 엄격히 이루어지면 월세보다는 전세 방식으로 임대가 이루어진다. 그러므로 월세 전환에 따른 임차인의 주거비 부담이 완화될 수 있다. 하지만 이 경우에도 현행 제도에서 임대인은 비과세 대상이 되는 월 83만 원(연 1000만 원) 이하의 월세와 전세를 혼합하는 준전세를 유지하여 과세부담을 피할 가능성이 높다. 그러므로 월세 과세를 강화하면서 동시에 비과세 대상과 감면 범위를 축소해야 한다.

마지막으로 임대소득 과세를 제대로 하려면 임대 사업자 등록 의무화와 같은 제도적 개편이 필요하다. 그리고 자가 귀속임대료 과세 여부의 문제는 여전히 존재한다(전강수, 2016).

중·단기 : 장기공공임대주택 건설

주택 임대의 월세 비중이 커지고, 전세값 폭등과 월세 임대료가 상승하면서 서민의 주거비 부담이 가중되고 있다. 이에 대한 대책으로 공공임대주택 건설이 통상적으로 제시된다. 이 대책은 노태우 정부 이래로 박근혜 정부까지 이어졌다. 공공임대주택 정책은 '영구임대주택(노태우 정부)', '국민임대주택(김대중·노무현 정부)', '보금자리주택(이명박 정부)', '행복주택(박근혜 정부)' 등 다양한 이름으로 불리고 있다. 이 정책은 소득 1분위 대상으로 하는 저소득층에서 시작하여 점차 서민·중산층으로 확대되어 저소득층과 서민의 주거 불안을 해소하고자 했다. 하지만 과거 보수 정부는 임대보다는 분양 위주로 주택을 공급함에 따라 임대주택 공급량을 감축하였기 때문에 주거안정이라는 본래 목표 달성에는 미흡하다는 평가가 있다(전강수, 2016).

현행 장기공공임대주택으로는 영구임대주택, 5·10년 공공임대주택, 국민임대주택, 매입임대주택, 장기전세 등이 있다. 하지만 5·10년 공공임대주택은 분양·전환되기 때문에 엄밀한 의미에서 장기공공임대주택이 아니다. 국토교통부 통계에 의하면 2015년 전체 가구에서 공공임대주택이 차지하는 비중은 6.0퍼센트이고, 5·10년 공공임대주택과 장기전세를 제외한 장기공공임대주택 비율은 4.2퍼센트에 불과하다(이강훈, 2016). 2007~2015년 동안 공공임대주택 재고 증가에 주로 기여하고, 입주자에게 안정적인 주거안정을 제공한 것은 김대중·노무현 정부가 추진한 국민임대주택과 매입임대주택이다(전강수, 2016). 2007~2015년 사이 공공임대주택 재고량은 연평균 5만 1,000호 정도로 증가하여 2015년 장기공공임대주택의 재고량은 총 116만 호에 불과했다. 따라서 정부가 2차 장기(2013~2022년) 주택종합계획에서 설정한 190만 호 재고량 달성은 사실상 불가능하다.

이러한 문제를 해결하기 위해서는 주거기본법에 따른 주거기본계획에 연간 임대주택 공급량을 규정하여 공공임대주택 공급이 확대되어야 한다. 공공주택특별법을 감안하면 공공임대주택의 1차 지원 대상은 저소득층이다. 하지만 소득분위를 고려하여 무주택 서민과 청년까지 수혜 대상이 확대돼야 한다. 특히 청년의 주거문제 해결을 위해 공공임대주택 공급에서 청년 지원책을 반드시 고려해야 한다. 공공주택 가용 재원 확보를 위해서는 주택도시기금과 국민연금을 적극 활용해야 하며 입주 가구의 소득수준을 기준으로 한 공공임대주택의 임대료 부과 체계도 개선할 필요가 있다(이강훈, 2016). 또한 소규모 정비를 통한 도심 내 임대주택을 확대 공급하고, 사회적기업과 지자체를 참여시키는 등 다양한 정책 마련이 필요하다.

장기 : 과세표준을 통한 보유세 강화

보유세는 양도소득세와 달리 부동산 거래를 동결시키지 못한다. 그렇기 때문에 보유세를 강화하여 보유 비용을 높이고 부동산 수요를 줄여 부동산가격을 하락시킬 수 있다(전강수, 2016). 보유세 강화를 실질적으로 추진한 정부는 노무현 정부였으며, 2003년 당시 부동산 보유세 실효세율은 0.12퍼센트로 당시 미국과 영국의 약 10분에 1 수준에 불과했다(전강수, 2016). 노무현 정부는 부동산가격의 급격한 상승에 따른 불로소득을 환수하기 위해 2005년 종합부동산세를 도입했다. 이에 따라 보유세는 국세인 종합부동산세와 지방세인 재산세로 이원화되었다. 종합부동산세는 특정 지역, 특히 서울 강남 3구에 상당수의 납세자들이 집중되어 일종의 '부유세'와 같은 역할을 하면서 광범위한 조세저항도 있었다(정준호, 2008).

하지만 2008년 헌법재판소가 종합부동산세의 세대별 합산과세에 위헌 판정을 내리면서 이명박 정부는 노무현 정부의 보유세 정책을 완전히 뒤집어 놓았다. 여기서 주의해야 할 점은 종합부동산세 자체에 대해서는 합헌 판정이었으나, 1주택 장기 보유자에 대한 무차별적 과세에 대해서는 헌법 불합치 판정을 내린 것이다. 2008년 종합부동산 세법 개정을 통해 인별 합산과세, 과세표준 상향 조정, 세부담 완화를 위한 과표 구간 조정, 세율 인하 등이 단행되었다. 그리고 과표 현실화 인상 계획이 백지화되고, 세부담 상한은 하향 조정되었다(전강수, 2012).

이명박 정부의 기조가 감세 정책이었기 때문에 재산세도 이와 같은 맥락에서 경감되었다. 기존의 과표 구간은 4000만 원 이하(0.15퍼센트), 4000만~1억 원(0.3퍼센트), 1억 원 초과(1.5퍼센트)이었다. 그런데 6000만 원 이하(0.1퍼센트), 6000만 원~1억 5000만 원(0.15퍼센트), 1억 5000만 원~3억 원(1.25퍼센트), 3억 원 초과(1.4퍼센트)로 조정되었다. 즉 과표 구간의 확대와 세율 인하를 통해 재산세가 경감되었다. 또한 주택의 공시지가 대비 과표적용률이 매년 5퍼센트포인트 인상되어 2009년 60퍼센트에서 2017년 100퍼센트에 도달하도록 했으며 토지·건축물 적용률은 2009년 70퍼센트에서 2015년 100퍼센트에 이르도록 계획되었다. 하지만 이 계획은 백지화되어 2009년부터 부동산시장의 동향과 지방재정 여건을 감안하여 대통령령으로 정하는 과표적용률이 주택의 경우 60퍼센트, 토지·건축물의 경우 70퍼센트로 적용되었다. 즉 과표적용률의 상향 계획이 백지화됨으로써 재산세가 경감되었다.

그렇다면 이명박 정부에서 사실상 유명무실화된 보유세를 지금 어떻게 복원해야 하는가? 종합부동산세 강화는 과세 구간 하향, 구간별 세율 인상 등을 통해 달성될 수 있다. 하지만 이는 법 개정을 통해서 이루어지기 때문에 강력한 조세저항을 초래할 수 있다.

지방재정의 근간을 이루는 재산세는 이와 다르다. 재산세를 강화하기 위해서는 과세표준이 실제 부동산 가치를 최대한 반영하도록 조정하는 과표 상향 현실화가 이루어져야 한다. 즉 시장가격에 기반하여 과세표준을 설정해야 한다. 이는 두 가지 측면으로 나누어 볼 수 있다. 하나는 공시지가 대비 과세표준 비율을 높이는 것과, 다른 하나는 공시지가와 시장가격 간의 차이를 줄이는 것이다.

특히 공시가격이 시장가격을 제대로 반영하지 못하고 있기 때문에 이를 제대로 현실화해야 한다. 예를 들어 거래가 빈번하지 않은 단독주택이나 상업용 건물은 공시지가가 시장가격보다 매우 낮게 설정되어 있다. 또한 고가 부동산의 공시지가는 시장가격에 훨씬 못 미치지만 저가 부동산의 공시지가는 상대적으로 시장가격에 근접하여 과세의 역진성이 발생한다(정동영 의원실, 2016; 홍원철·정준호·서광채, 2016). 이러한 과세의 역진성을 개선하기 위해서는 고소득층이 소유한 단독주택이나 고가의 상업용 건물의 공시지가를 평가할 때 시장가격을 제대로 반영하도록 해야 한다. 예를 들어 상업용 건물은 평가 방식을 거래 사례 비교법에만 의지할 것이 아니라 국세청 임대소득 자료를 확보하고 수익환원법을 적용하여 평가액을 현실화할 필요가 있다.

노무현 정부는 보유세 강화를 중심으로 다주택 보유자의 주택과 비사업용 토지에 대한 양도세 중과세, 다양한 개발이익환수제도를 설계하고 시행했다(전강수, 2016). 하지만 이명박 정부와 박근혜 정부에서 부동산시장 활성화를 통한 경기부양을 명분으로 다주택자 양도세 중과세가 완화되었으며 개발부담금제도를 제외한 개발이익환수제도가 사실상 폐지되었다. 양도소득세의 경우 폭넓은 비과세·감면이 수차례 법 개정을 통해 이루어졌다.

보유세 강화는 법 개정을 통해 이루어지기 때문에 사회적 합의를 이끌어 내야 한다. 현재의 틀 안에서 보유세 강화는 공시지가의 시장가격 반영률을 높이고 특히 고액 부동산에 대해 격차를 줄이는 방향으로 이루어져야 한다. 중·장기적으로 종합부동산세와 재산세의 법 개정을 통해 과표 구간과 세율 조정이 있어야 한다. 특히 서울은 최근 평균 주택가격이 급격히 상승하여 재산세 세율의 누진성이 사실상 없어졌다. 따라서 보유세는 누진적인 세금 부과 체계로 조정되어야 한다.

4

안정된 노동시장 만들기와 노동 교섭력 높이기

비자발적 실업을 줄여 완전고용으로

1997년 외환 위기 이후 우리나라의 취업자 증가율은 2퍼센트대 이하로 하락했다. 최근 취업자 증가율이 2퍼센트대에 근접하고 있지만 주로 단시간 근로 증가에 기인하는 바가 크다. 현재 실업률은 3퍼센트대로 완전고용 수준을 유지하고 있지만 노동시장의 상황을 정확하게 반영하는 데에는 한계가 있다. 통계 조사에서 실제 실업자들이 구직 활동을 적극적으로 보고하지 않거나 구직 활동을 포기하는 비중이 매우 높기 때문이다.

2015년 우리나라 실업률은 3.7퍼센트이다. 하지만 좀 더 자세히 들여다 보면 비경제활동인구는 약 1150만 명이지만, 그중 124만 명의 취업 준비자, 61만 명의 구직 단념자, 그냥 '쉬었음'이라고 답한 130만 명은 결국 취업을 원하는 사람들이다. 비경제활동인구를 넓게는 실업자로 볼 수 있으므로 이를 감안하여 실제 실업률을 다시 계산해 보면, 경제활동인구의 13.8퍼센트에 달한다.

인구 집단별로는 청년층에서 이 문제가 더욱 분명해 보인다. 공식적인 통계로는 20대 실업률이 9.1퍼센트이다. 하지만 취업을 원하는 청년층을 고려하여 구직자를 폭넓게 정의하면 163민 명에 달해, 실제 실업률은 33.8퍼센트이다. 공식 통계에는 잡히지 않지만 체감실업률은 이미 심각한 수준이다. 취업 준비자와 그냥 쉬었다는 비경제활동인구가 유난히도 많은 상황이 우리에게 던지는 메시지를 간과할 수 없다. 전 세계에서 가장 높은 수준의 대학 진학률을 가진 우리나라에서 대학을 졸업하고 취업을 준비하는 기간이 추가로 필요한 현실이다. 대기업과 공공 부문에 취업하기 위해 엄청난 시간과 사회적 자원이 낭비되고 있다.

우선 일자리 대책을 마련하기 위해서는 완전고용의 기준을 정하고 이를 달성해야 한다. 앳킨슨(2015)에 따르면 시장 실패의 가장 명백한 증거는 비자발적 실업이 존재한다는 것이기 때문에 고용을 최대한 늘리는 것이 아니라 비자발적 실업을 최소한으로 줄이는 것이 완전고용의 목표다. 계속 증가하고 있는 단시간 근로, 임시 근로는 불완전한 일자리이기 때문에 완전고용 기준에 해당하지 않는다. 따라서 노동정책의 완전고용 목표는 비자발적 실업자를 줄이고 불완전한 일자리를 완전한 일자리로 전환하는 것이다.

최저임금 인상과 준수율 제고

이중화된 노동시장에서 최하층 가구의 일자리 질을 높이고 임금 불평등을 줄이기 위해 해야 할 최우선 과제는 최저임금 준수율 제고와 임금 인상이다. 최근 우리나라 최저임금은 평균임금의 38퍼센트 수준이다. 최저임금이 소득 불평등을 줄이는 정책이 되기 위해서는 매년 최저임금액을 결정할 때 경제성장률, 물가상승률 반영과 더불어 소득분배 개선을 위한 인상분이 추가로 반영되어야 한다. 최저임금 인상이 영세사업이나 자영업 부문의 폐업으로 이어질 수 있다는 우려가 있으나, 언제까지 자영업 부문의 '저임금 – 장시간 노동 – 저생산성'의 악순환을 방치할 수는 없다. 최저임금 인상으로 인한 중소기업과 자영업의 부담은 대·중소기업 간 공정거래를 통해 수입을 증대시키고 과다한 임대료 인상을 제한하는 방법으로 해소될 수 있다.

노동시장에서 법정 최저임금을 준수하지 않는 경우가 많은 것은 금액이 낮은 것보다 더 큰 문제이다. 임금근로자 8명 중 한 명은 최저임금액에 미치지 못하는 임금을 받는 것으로 보고되었다(2015년 경제활동인구조사 8월 부가조사). OECD에는 이보다 높은 14.7퍼센트가 보고되면서 조사된 20개 국가 중에서 최고 수준을 기록했다(OECD, 2015). 미준수율을 낮추기 위해서는 최저임금 위반 신고를 간소화하고, 준수의 입증 책임을 고용주에게 부과하는 방안이 적용되어야 한다. 또한 최저임금 미준수로 인한 체불임금을 고용노동부가 먼저 지급하고 이후에 구상권을 행사하는 방안도 있다(김유선, 2016). 근로감독에 투입되는 재원을 확대하고 근로기준법을 위반한 경우, 벌칙을 강화하여 최저임금 위반 사례에 적극 대응할 뿐 아니라 근로기준 전반에 관한 준수율을 높여야 한다.

최저임금의 수준을 넘어서 적정임금(prevailing wage) 관련 제도를 정착시킬 필요가 있다. 적정임금은 공공 부문이 선도할 수밖에 없는데, 가장 효과적인 방법은 공공조달계약에 임금 인상을 유도하는 조건을 부과하는 것이다. 공공 부문에서 일부 적용되고 있는 시중 노임 단가는 2015년 시간당 8,209원으로 평균임금의 48퍼센트 수준이다. 정부와 지방자치단체가 원청업체와 맺는 조달 계약은 하청업체 근로자의 적정임금 보장을 전제로 이루어져야 한다. 또한 일부 지방자치단체에서 도입하고 있는 생활임금제도를 확대해야 한다.

비정규직화 차단과 외주화 축소

경제가 글로벌화되고 IT 산업이 발전하자 기업은 이윤 확대를 위해 제조나 서비스 제공 과정에서 외주화를 확대하고 기간제를 포함해 고용형태를 다양화하고 있다. 이러한 기업행위를 방치하게 되면 소득 불평등은 더욱 심해지고 사회는 안정적으로 유지되기 어렵다. 그런 의미에서 비정규직 확대와 무분별한 외주화는 규제되어야 한다. 비정규직에는 기간제를 포함한 한시적 근로, 시간제 근로, 파견·용역을 포함한 간접고용, 호출근로, 특수고용직 근로 등이 해당되는데, 각각의 고용 유형에 대응하는 정책이 필요하다.

현행 제도에서 기업은 2년 이내에 자유롭게 기간제 근로자를 고용할 수 있다. 기업은 2년이 지나면 다른 기간제 근로자로 바꿔야 한다. 떠난

근로자는 다른 일자리로 옮겨야 하는데 또다시 기간제일 가능성이 높다. 이 과정에서 근로자는 저임금, 불완전고용의 함정에서 벗어날 수 없으며 이로 인한 우리 사회의 소득 불평등은 더욱 심화될 것이다.

불완전고용을 탈피하기 위해서는 상시 지속적인 업무에 종사하는 기간제 근로자를 기업이 정규직으로 계속 고용하도록 원칙을 바꾸어야 한다. 즉 기간제에서 최대 사용 기한을 정하는 방식이 아니라 사용 사유를 제한하는 방식으로 법 개정이 필요하다. 파견제는 현행 파견법에 금지업종이 명시되어 있고 사용 사유 제한도 규정되어 있으나 불법이 횡행하고 있다. 사용주 기업 안에서 이루어지는 사내하청 형태의 고용은 상당 부분 불법파견이다. 현행법에는 불법파견이 확인되면 직접고용의무가 발생한다. 불법파견을 실질적으로 근절하기 위해서는 그간의 고용도 직접고용이었던 것으로 보는 '고용 의제' 방식으로 법을 개정하여 기업이 불법파견으로 생산에 참여한 하청업체 인력을 즉각 직접고용하도록 해야 한다.

사용주 기업의 작업 지시에 따라 해당 기업의 일만 전적으로 하는 사외하청도 대폭 축소되어야 한다. 이를 위해서는 사용주 기업 역시 공동 사용자라는 개념을 도입하여 사용자의 범위를 확대해야 하며, 원청업체인 사용주 기업의 책임성을 강화해야 한다. 예를 들어 하청업체 근로자의 임금이 사용주 기업의 근로자 임금과 비교하여 적정하도록 원·하청 간 계약을 해야 한다.

최근에는 위험한 작업을 하청하는 사례가 빈발하여 사회문제가 되고 있으며, 이를 일컬어 '위험의 외주화'라는 용어도 생겼다. 안전과 관련된 직무에 대하여 외주화를 금지하고 하청업체 직원이 산업재해를 당했을 경우 사용주 기업인 원청업체가 공동으로 보상하고 책임지도록 하는 법 개정이 필요하다.

근로시간 단축

2015년 기준 우리나라 근로시간은 2,228시간으로 OECD 국가 중 최고 수준이었다. 법정 근로시간의 최대한도인 주당 52시간을 초과하여 일한 근로자의 비율은 2015년 18퍼센트에 달했다. 근로시간 단축은 일자리를 늘리면서 동시에 일자리의 질을 향상시키는 정책이다. 박근혜 정부의 대선 공약에도 2020년까지 연평균 근로시간을 OECD 평균 수준으로 줄이겠다는 내용이 있었지만 전혀 추진되지 않았다.

근로시간을 단축하기 위한 일차적인 조치는 근로기준법에 규정된 초과 근로시간 한도를 준수하는 것이다. 법정 근로시간은 1주 40시간이며 연장 근로 한도는 주당 12시간이므로 최대 근로시간이 52시간을 넘을 수 없다. 그런데 휴일 근로를 1주간 근로시간에서 제외하는 편법적인 행정해석을 통해서 사실상 최대 근로시간은 68시간으로 운영되어 왔다. 휴일 근로를 포함하여 주당 52시간을 넘을 수 없다는 원칙을 명시하고 이를 준수하도록 해야 한다. 이외에 최대 근로시간 52시간을 초과할 수 있도록 허용하는 근로시간 특례업종을 축소하고 장시간 근로를 할 수밖에 없는 교대제를 개편하는 등 조치가 필요하다.*

* 국회가 2018년 2월 28일 주당 법정 근로시간을 현행 68시간에서 52시간으로 단축하는 내용의 '근로기준법 개정안'을 통과시켰다. 또한 근로시간 특례업종의 경우 기존 26개에서 5개로 대폭 줄였다.

표 2-1 **한국의 공공서비스 일자리**

(단위 : 인구 1,000명당 종사자 수)

	일반 행정			교육			보건복지		
	공공	민간	계	공공	민간	계	공공	민간	계
OECD 평균	26.0	4.2	30.2	25.1	10.2	35.3	29.6	29.0	58.6
한국	20.7	2.0	22.7	9.7	26.7	36.4	1.3	15.9	17.2

자료 : 김태일(2012)

사회 공공서비스 부문 일자리 확대

공교육과 보건복지 분야에서 공공서비스 확대는 국민의 삶의 질을 향상시키면서 동시에 괜찮은 일자리를 늘리는 결과를 낳는다. 지난 10여 년간 아동 돌봄과 노인 돌봄 영역이 확대되면서 이 분야의 일자리 수도 빠르게 증가했는데, 이것이 50대 이상의 여성 고용률 향상에 기여했다는 보고가 있다. 그러나 최근 이 증가세는 상당 부분 둔화되거나 멈췄을 뿐 아니라 정부가 사실상 임금수준을 결정할 수 있는 사회 공공서비스 부문 일자리의 질이 매우 낮아서 청년층이 원하는 일자리가 되지 못하고 있다. 우리나라 전체 취업자 중 공공 부문 취업자가 차지하는 비중은 7.6퍼센트로 OECD 평균 21.3퍼센트에 비해 3분의 1 수준에 불과하다. 인구 1,000명당 사회 공공서비스 분야 인력의 수를 살펴보더라도 행정, 교육,

보건복지 세 영역 모두에서 OECD 평균에 비해 현저히 낮은 수준을 보이고 있다(김태일, 2012).

근로기준법 적용을 받는 근로자와 사용자 범위 확대

1953년 제정된 근로기준법은 근로자의 임금과 근로조건을 규율하는 가장 기본적인 법이다. 이 법에 따라 보호받지 못하는 근로자가 많을 뿐 아니라 그 수가 점점 더 늘고 있는 것은 심각한 문제이다. 적어도 다음과 같은 두 가지 원칙 아래 이 법의 적용 범위는 확대되어야 한다. 첫째, 근로기준법은 원칙적으로 모든 근로자에게 적용되어야 한다. 상시근로자 5인 미만 사업장 종사자와 가사 사용인은 애초에 법에서 적용 제외를 명시하고 있는데 이는 타당하지 않다. 둘째, 특수형태 근로종사자와 간접고용 근로자의 경우 근로조건에 실질적인 영향력을 행사할 수 있는 실질적인 사용자가 있기 때문에 이들에게 근로기준법 준수에 대한 적정한 책임이 부여되어야 한다.

지금도 특수형태 근로종사자 일부는 근로기준법상 근로자로 인정되고 있지만 아주 미미한 수준이다. 향후 확대될 것으로 예상되지만 법 적용의 경계선상에 있는 노동자를 보호하기 위해서는 근로기준법상 근로자와 사용자의 간주 조항을 도입할 필요가 있다. 현행 근로기준법에 근로자의 정의를 '임금을 목적으로 사업이나 사업장에 근로를 제공하는 자'로 정의하고 있는데, 여기에 '독립 사업자 형태로 노무를 제공하는 자라고 하더라도 특정 사용자의 사업에 편입되거나 그 사업의 상시적 업무를 위하여 노무를 제공하고 그에 대한 대가를 받아 생활하는 자'를 추가하는 것이다(박지웅, 2015).

최근 사용주 기업과 계약을 맺은 외주 기업은 해당 사업을 위해 근로계약을 통해 근로자를 고용한 경우가 많다. 이런 외주화는 사용주 기업이 간접고용을 통해서 사용자 책임을 회피하려는 의도를 가지고 있는 경우에 많이 일어난다. 이를 차단하기 위해서는 사용자의 정의도 수정되어야 한다. 현행 근로기준법에 사용자란 '사업주 또는 사업 경영 담당자, 그 밖에 근로자에 관한 사항에 대하여 사업주를 위하여 행위하는 자'로만 규정되어 있다.

그러나 사용주 기업의 근로자 보호와 권익에 대한 책임성을 담보하기 위해 '근로계약 체결의 당사자가 아니더라도 임금·고용 등 근로조건에 대하여 실질적인 지배력 내지 영향력이 있는 자를 사용자로 보며, 이 사용자는 임금, 근로시간, 복지, 해고 등 근로조건에 대하여 근로계약 당사자와 함께 연대책임을 진다'는 규정을 추가하여 사용자 범위를 확대할 필요가 있다. 이러한 '공동 사용자' 개념이 근로기준법뿐 아니라 단체교섭에서도 작동될 수 있도록 법을 정비해야 한다.

노동조합의 협상력 강화 : 노동 3권 보장

정규직과 비정규직으로 구분된 노동시장의 이중구조와 이에 따른 소득 불평등의 책임을 과거 정부는 대기업의 정규직 노동조합과 그 노동자에게 물었다. 기업이 비정규직을 쓰고 외주화를 하는 데에는 노동조합이 보호하는 정규직 임금수준이 높고 구조조정이 어렵기 때문이다. 이 논리는 국가와 기업이 지켜야 하는 노동권과 비정규직 보호에 대한 책임을 도외시하고, 급여와 근로조건을 정규직과 비정규직이 다투어 결정해야 할 사항으로 왜곡하는 것이다.

이 논리가 최근에 발생한 노동문제의 원인을 호도하고 노동권과 관련된 의제를 바꿔치기하는 속임수에 불과하지만 인정할 부분도 있다. 그중 하나는 노동시장에 이중구조가 존재한다는 사실이며, 다른 하나는 기존 대기업 노조가 비정규직이나 영세사업장 근로자의 이해를 대변하지 못하고 있다는 사실이다. 이 두 가지 문제는 반드시 해소되어야 하지만, 원인 진단과 해결 방안은 서로 다르다. 기업이 요구하는 것처럼 10퍼센트의 조직률밖에 안 되는 노동조합의 이익과 역할을 제한하거나 견제하는 방식이 아니라, 노동조합이 더 많은 노동자의 이해를 폭넓게 대변할 수 있도록 제도적 장치를 마련해 나가는 데서 출발해야 한다. 즉 노동 3권을 보장하고 노동자의 협상력을 강화하여 기업에 유리하도록 기울어져 있는 운동장을 평평하게 만드는 것이 첫걸음이다.

그러기 위해서는 첫째, 노동조합 결성이나 가입 자격을 제한하는 법 조항을 정비하여, 보다 많은 사람이 노동조합에 가입할 수 있도록 해야 한다. 현행 노동조합법에서 '근로자가 아닌 자의 가입을 허용하는 경우 노동조합으로 보지 않는다'는 항목은 삭제되어야 한다. 파업권을 포함하여 결사의 자유는 고용 관계의 존재 여부에 따라 결정되지 않는 것이 국제노동기구(ILO)의 오랜 원칙이며, 실업자나 특수고용 노동자의 노동 3권을 제약하는 외국의 입법례를 찾아보는 것도 쉽지 않다(박지웅, 2015). 노조 가입 자격을 완화하여 노조조직률을 획기적으로 높이고 노동자 발언권을 획득해야 한다.

둘째, 파업의 근거가 될 수 있는 임금·근로조건의 범위를 확대해야 한다. 노조원의 임금이나 근로조건 향상이 아닌 노동의제를 다루는 것을 제3자의 개입이나 정치 파업이라 판단하여 불법으로 여기는 상황에서 노동조합이 정치, 언론, 문화, 시민단체 등 다른 세력과 연대하여 할 수 있는 일은 많지 않다.

셋째, 파업에 따른 손해배상과 가압류는 제한적으로만 허용되어야 한다. 애초에 노동 3권은 자본과 노동의 관계에서 약자일 수밖에 없는 노동자가 단결을 통해 균형을 회복하는 데 목적이 있다. 민변(2016)의 다음과 같은 정리는 이러한 취지를 명확하게 전하고 있다.

> "쟁의행위는 그 자체가 기본권의 행사인 동시에 헌법적 질서에서 예정하는 행위이므로, 그로 말미암은 소극적·적극적 손해 등 재산상의 손해에 대해서는 원칙적으로 배상책임을 부정해야 한다. 또한 노동조합의 의사결정에 따라 쟁의행위를 한 경우에는 노동조합 임원을 비롯한 조합원의 행위는 다수결의 원리에 의하여 형성된 단체 의사에 구속되는 것이므로 조합원 개개인에게 책임을 물을 수는 없다. 폭력이나 파괴행위로 인해 배상책임을 진다고 하여도 폭력이나 파괴행위와 직접적으로 인과관계를 갖는 통상적인 손해로 그 범위를 제한하는 것이 바람직하다."

5

경제적 안정을 보장하는 복지 시스템 구축

모든 국민이 사회적으로 용인될 만한 최소한의 생활수준을 누릴 수 있어야 한다는 것은 사회적 기본권이고 이를 보장하는 것이 국가의 기본적인 기능이다. 물론 경제적 불평등을 줄이는 것을 국가적 과제로 삼을 수도 있지만, 그보다 좀 더 시급한 것은 최소생활보장이다. 가장 기본적인 의식주를 해결할 수 있어야 하며 아동, 청소년, 노인에게는 각각 필요한 시기에 교육과 돌봄이 제공되어야 한다. 병에 걸렸는데 돈이 없어서 치료를 받지 못하는 일이 없어야 하고, 나이 들어 더 이상 일을 못하게 되거나 실직 기간 동안에도 기본적인 생활이 가능하도록 기본소득은 제공되어야 한다.

그림 2-1 사회안전망 기본 틀

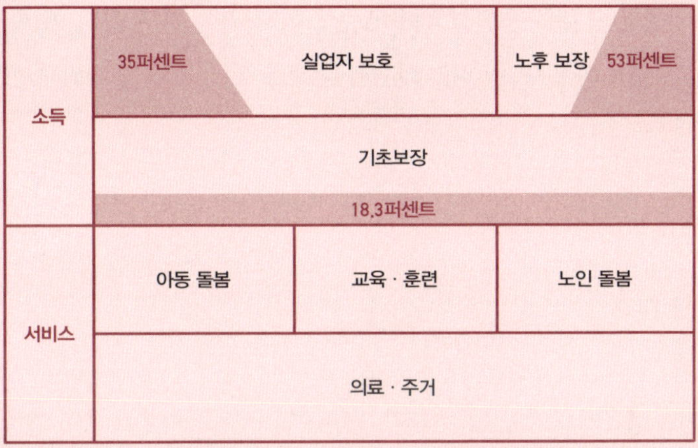

최소한의 생활수준을 보장하는 복지 시스템을 구축하는 일은 자신의 삶에서 실패하거나 실수한 사람에게 다시 한 번 일어설 기회를 준다는 의미에서 사회안전망이라 불린다. 사회안전망은 기술이 빠르게 진보하는 시대에 개인들로 하여금 적응 시간을 벌어 주는 역할을 한다. 기업이 평생 직장을 보장해 주지 못하는 시대, 일자리 형태가 다양화되고 고용 불안정이 심화된 시대, 사회안전망 제공은 더욱 필요한 국가 기능이다.

사회안전망의 틀은 소득과 서비스 두 가지 기둥을 염두에 두고 설계되어야 한다([그림 2-1] 참조). 현재 소득을 보장하는 사회안전망 가운데 어느 부분이 부족한지 정리해 보면 첫째, 공공부조(기초보장)가 빈곤층을 커버하지 못하는데 그 정도도 매우 크다. 둘째, 고용서비스와 생계급여가 제공되어야 하는 실업자 보호가 미흡한데, 특히 저소득층과 청년층에 대한 실업급여 제공이 매우 부족하다. 셋째, 출산이나 산업재해로 근로를 중단할 경우 어느 정도는 소득보장제도가 운영되고 있으나 그밖에 다른 질병이나 재해로 근로를 중단할 경우에는 소득 지원이 전혀 없다. 넷째, 노후소득보장제도가 노인 빈곤을 해소할 수 있는 수준으로 설계되어 있지 못하다.

공공부조 강화

국민기초생활제도의 급여 수급자가 빈곤인구의 20퍼센트에도 미치지 못하는 현실은 시급히 해결돼야 한다. 이 제도가 빈곤을 완화하는 제도로 거듭나기 위해서는 두 가지 개편이 필수적이다. 첫째, 중위소득의 29퍼센트라는 국민기초생활보장제도의 생계급여 지원 기준선은 빈곤 해소를 위해 턱없이 부족하다. 단기적으로는 중위소득 40퍼센트, 중기적으로는 50퍼센트까지 수혜자 선정 기준선을 높여 나가야 한다. 둘째, 자산이 있으면 수혜 대상에서 제외되는 기준과 돌볼 수 있는 가족이 있으면 지원되지 않는 부양의무자 기준도 손질이 필요하다. 소득기준으로 빈곤선 아래 있음에도 불구하고 기초생활보장제도의 생계급여 지원 대상이 되지 못하는 이유는 대략 절반이 자산 기준, 다른 절반이 부양의무자 기준을 충족시키지 못하기 때문이다. 전세 보증금이나 생계에 활용되는 자동차 때문에 지원 대상에서 제외되는 것은 지나친 경우이다. 아주 가까운 가족만을 부양의무자로 봐야 할 뿐 아니라 이들의 소득수준도 상당 수준이 되어 여력이 있는 경우에만 부양의무를 부과하는 부양의무자 조항 때문에 실질적인 빈곤층이 지원에서 배제되는 문제를 해소해야 한다. 이는 극심한 노인빈곤율을 낮춰야 하는 사회적 과제를 연금제도만으로는 해결하기 어려운 현 상황에서 더욱더 시급하다. 당분간은 노인의 빈곤문제도 기초생활보장제도를 통해서 완화하는 것이 불가피해 보인다.

노후소득보장제도 보완

노인 빈곤의 문제는 기초연금과 국민연금, 국민기초생활보장제도라는 세 제도의 적절한 결합으로 대응해야 한다. 각각 보편 수당, 기여형 소득비례연금, 공공부조라는 성격을 유지하면서 이 제도를 상호 보완적으로 설계하면 된다. 그런 의미에서 볼 때 현행 국민연금의 소득대체율을 크게 높일 필요도 없다.

국민연금 미가입자가 많아 연금 혜택 사각지대가 크다는 문제점을 해결하기 위해서는 이를 줄여 나가는 방식이 적절해 보인다. 기초연금을 소득이 없거나 매우 적은 개인만을 지원하는 공공부조적 성격으로 바꾸는 시도는 부적절하다. 이는 결국 국민연금 수급자에게 기초연금을 주지 않겠다는 의도인데, 이런 식으로 가다 보면 저소득층은 국민연금 납부를 회피하게 되어 소득비례연금제도인 국민연금에 부정적 영향을 미치게 된다. 현재 국민연금의 소득대체율이 낮으므로, 적정한 기초연금을 설계하여 두 제도의 합산 소득이 소득대체율의 60퍼센트가 되면 적절할 것으로 판단된다. 이를 위해서는 기초연금액 인상이 필요하다. 다른 소득 없이 기초연금으로만 살아가야 하는 노인의 경우는 국민기초생활보장제도로 일정 수준의 생계를 보장해야 한다.

근로 연령대별 소득안정제도 보완

소기업 종사자, 자영자, 불안정 취업자는 고용보험을 가입하지 않는 경우가 많아, 실업급여 수급자가 35퍼센트에 불과하다. 특히 법적으로 고용보험 가입 의무가 있음에도 불구하고 가입하지 않는 중소기업 사업장이 많다. 이를 해결하기 위해 사용자와 근로자 양쪽에 보조금을 지급하여 고용보험 가입을 지원하는 '두루누리 사회보험 지원사업'을 시행해 왔다. 이러한 노력과 함께 실업보험도 건강보험이나 국민연금과 같이 법적인 적용 대상을 확대하는 발상의 전환이 필요하다.

실업보험 적용 대상을 확대하는 획기적인 조치가 있어야 한다. 먼저 현행 제도에서 자발적 이직 실업자는 실업보험 혜택이 없다. 그러나 임금근로자의 자발적 이직에 대해서도 실업급여를 지급하는 국가가 많다. 자발적으로 퇴직했다 할지라도 일정 기간 이상 구직 활동을 하는 데도 취업하지 못하고 실업 상태로 있는 것을 자발적인 선택이라고 볼 수는 없기 때문이다. 사회보험 자체가 권리성 급여이기 때문에 자발적 이직 후에 구직 활동을 하는 실업자에게 실업급여를 주는 것이다.

현재 자영자와 특수형태 근로자는 임금근로자에 속하지 않기 때문에 실업을 하게 되면 사업 정리 혹은 계약 만료에 따른 것으로 여긴다. 그리고 이를 자기 결정의 결과라는 논리로 해석하며 자영자와 특수형태 근로자를 실업보험 대상에서 제외시킨다. 하지만 소득 안정을 위해 이들도 실업보험에 가입하도록 해야 한다. 임금근로자가 고용보험료를 사용주와 절반씩 기여하는 것과는 달리, 자영자는 보험료 부담이 커서 가입을 원치 않을 가능성이 높다. 이 문제는 실업보험 기여금을 자영자와 국가가 반분하여 조성하면 해결된다.

노동시장에 처음 진입하는 청년층에게도 실업보험 혜택을 주어야 한다. 노동시장에 처음 진입하는 학교 졸업자는 현행 제도에서는 고용보험 수혜를 받을 수 없다. 덴마크처럼 대학이나 고등학교 졸업 전 마지막 1년 동안 고용보험 가입을 의무화하도록 하고, 졸업 후 바로 취업하지 못할 때는 실업급여와 함께 고용서비스를 받을 수 있도록 해야 한다. 그럼으로써 미취업 청년을 보호할 수 있다.

고용보험 확대도 중요하지만 당장 실업급여를 받지 못하는 저소득 실업자에 대한 소득 지원도 마련돼야 한다. 국민기초생활보장제도가 빈곤인구의 20퍼센트 미만을 지원하는 것을 감안하면, 근로 연령층 비율은 더 낮을 것으로 보여, 실업급여를 받지 못하는 실업자의 대부분은 국민기초생활 급여도 받지 못한다. 이들에게 일정액의 생계 지원금과 함께 고용서비스를 제공하는 제도를 도입해야 한다. 생계 지원금은 근로능력자 개인에게 일정액을 지원한다는 의미에서 가구 단위로 빈곤선까지 소득을 채워 주는 국민기초생활보장제도와는 다르다. 고용서비스 결합을 통하여 사회가 노동시장에서 취약한 개인을 돌본다는 의미도 있다. 이렇게 설계된 제도는 '한국형 실업부조'라고 부를 수 있다. 현재 고용노동부가 운영하고 있는 취업성공패키지사업을 대상별로 분리하고 생계급여를 높이면서 제도화할 수 있을 것이다.

우리나라에서는 실직이나 은퇴로 소득 활동이 단절된 경우에 대한 사회보험제도가 운영되고 있다. 하지만 질병이나 재해로 인하여 일시적으로 일을 할 수 없게 되었을 때는 소득 지원이 없기 때문에 소득보장 체계에 커다란 구멍이 생긴다. 그렇기 때문에 건강보험에서 상병수당금을 도입하여 소득 손실을 보전해 줄 필요가 있다.

보편적 서비스와 현물급여 강화

소득보장제도보다 더 시급한 것은 사회서비스다. 의료와 교육, 돌봄, 그리고 주거문제가 해결된다면 소득보장의 절박함은 다소 누그러질 수 있다. 사회서비스는 다음과 같은 장점이 있다. 우선 누구에게나 보편적으로 제공되기 때문에 모든 소득계층에서 폭넓은 지지를 받는다. 또한 국가가 사회서비스를 직접 제공하기 때문에 기본적인 욕구를 균등하게 충족시켜 주는 데 효과적이다. 만약 현금을 나누어 주고 그것으로 의료, 교육, 돌봄의 문제를 각자 알아서 해결하는 시스템을 구축한다면, 부자와 가난한 사람이 누리게 되는 의료와 교육의 질은 크게 차이가 날 것이다. 기본소득이 보편적 사회서비스를 대체할 수 없는 이유가 여기에 있다. 우리 사회가 현재의 사회서비스 수준에서 한발 더 나아가기 위해서 시급하게 해결해야 할 문제를 정리하면 다음과 같다.

첫째, 건강보험 보장성이 획기적으로 강화되어야 한다. 의료비 자부담액이 연간 100만 원을 넘을 수 없도록 제한선을 두는 것도 한 가지 방법이다. 보호자가 입원 환자를 직접 간병해야 하거나 유료 간병인을 고용하는 일도 점차 사라져야 한다.

둘째, 보육과 교육의 공공성이 강화되어야 한다. 고등학교까지 의무교육을 확대하고, 아동의 보육과 관련한 공공시설을 확충해야 한다.

셋째, 노인장기요양보험이 운영되고 있으나, 실제로 거동이 어려운 노인에게 제공되는 서비스 시간은 절대적으로 부족한 형편이다. 2015년 65세 이상 고령자 중에서 장기요양보험을 이용한 비율이 5.7퍼센트에 불과한 것을 보면 알 수 있다. 재가 서비스를 받는 경우 가장 높은 요양등급 판정을 받아도 주당 20시간 이상 서비스를 받기는 어려운 실정이다. 따라서 서비스 시간 증대, 대상자 확대 등 보다 많은 수혜가 있어야 제도의 실효성이 제고될 것이다.

6

공정한 조세 시스템 구축

사회보험과 조세 비중을 어떻게 설계할 것인가?

향후 대규모 복지 재원을 마련할 사회보험 징수 체계와 조세정책은 공정하고 효율적인 방식으로 이루어져야 한다. 바람직한 증세 방안을 모색할 때 우선적으로 고려할 점은 전체 재원에서 사회보험 비중이 어느 정도일 것인지 설계하는 일이다. 국가별로 복지 재원 비중을 보면 사회보험 의존도가 높은 국가와 재정 의존도가 높은 국가로 나뉘어져 있다. 우리나라는 복지 관련 지출 대비 사회보험 재원 비율이 매우 높은 국가이다. 사회보장기여금은 OECD 평균 8.5퍼센트(GDP 대비)에 비해 적은 수준인

4.9퍼센트다. 전통적으로 조세로 지원되는 공공부조나 복지서비스는 향후에도 조세 확대를 통해서 재원이 마련되지만 보험료 수입에 의존해 온 국민연금, 의료보험과 같은 사회보험은 수입을 확대해서 대처해야 할지 조세수입으로 대처해야 할지 결정해야 한다.

박근혜 정부의 사회보험에 대한 입장은 연금 지급액 인상 혹은 건강보험 보장 확대와 같은 복지 확대가 아니었다. 고령화로 인해 사회보험 적립금이 고갈될 가능성이 높아 보험료 부담을 늘리고 복지 혜택을 감소시키고자 했다(박명호, 2015). 그러나 당시 정부의 고령화 비용에 대한 전망은 과장되었으며 근본적으로 건강보험은 물론이고 국민연금도 막대한 적립금을 유지할 필요가 없기 때문에 부담금 증가나 혜택 감소는 바람직하지 않다. 향후 국민연금을 수급하는 고령층이 늘고 연금을 납부하는 청장년층이 줄어들어 국민연금 방식이 완전 부과식* 전환으로 불가피할 때 미래 세대의 부담이 과도하게 증가하지 않도록 부담과 혜택을 장기적 관점에서 설계할 필요가 있다.

건강보험은 사회보험 강화로 노후 보장은 기초연금으로

건강보험 지출은 국민연금과 같이 노인인구 수만큼 미래 지급액이 정해져 있지 않고 의료기술 발전과 노인건강에 관한 정책에 따라 줄 수 있다.

---

* 완전 적립식은 국민연금 가입자 본인이 적립한 금액만을 수령하기 때문에 국민연금의 재정 투입은 없다. 반면 완전 부과식은 적립된 금액에 상관없이 국가가 약속한 금액을 지급하기 때문에 수급자가 많으면 국민연금의 재정 투입이 불가피하다.

따라서 지출액 부담의 압박은 국민연금보다 낮은 편이어서 적립금을 쌓을 이유가 거의 없다. 그리고 건강보험 지출의 낭비를 잘 막는다면 보험료를 소폭 올리는 것만으로도 보장성을 크게 개선할 수 있다. 단 최근 직장가입자와 지역가입자 간의 불공평한 부담 구조는 문제가 된다(정창률·권혁창·남재욱, 2014). 직장가입자와 지역가입자 간 공평성을 실현하기 위해서는 사회보험료 체계 개편이 필요하다.

노후소득보장의 경우에는 국민연금 강화와 기초연금 강화 간에 논쟁이 있다. 국민연금 수급액을 올려 국민연금을 강화하자는 측은 이 소지가 중산층 중심의 복지국가를 이루는 중요한 기반이 되므로 수급 증액이 기대된다면 납부 금액 인상도 정치적으로 가능하다고 주장한다. 그러나 국민연금제도 강화는 기대수명 증가로 은퇴하는 베이비붐 세대에게 과도한 혜택을 주고 후세대에게 연금 납부 부담을 증대시킨다. 또한 연금 수급자와 비수급자 사이에 소득 양극화 문제가 일어나기 때문에 지금의 구조를 유지한 채 국민연금을 강화하는 것은 문제이다.

따라서 국민연금을 보완하는 기초연금의 역할이 강화되어야 한다.* 무엇보다 기초연금은 국민연금 가입 여부와 상관없이 은퇴하는 모든 계층에게 지급되어야 한다(오건호, 2016). 기초연금을 강화하는 것은 조세의 지원 역할이 커져야 함을 의미한다. 이를 위해서는 대기업에 대한 법인세 인상을 추진하여 기초연금 재원을 마련하는 것이 바람직해 보인다.

---

* 만일 국민연금을 강화하면 현재보다 하후상박이 되도록, 즉 아래 소득계층의 혜택이 많아지도록 개선해야만 전체 소득대체율을 올리고 양극화를 줄이면서 후세대의 부담이 과해지지 않게 할 수 있다.

표 2-2 GDP 대비 조세와 사회보험료-한국과 OECD 평균 비교

(단위 : GDP 대비 퍼센트)

	소득세		재산세			소비세	사회보장기여금	
	개인 소득세	법인 소득세	전체	부동산 보유세	금융·자본 거래세		근로자	고용주
한국	3.59	3.48	2.86	0.79	1.80	8.50	2.39	2.49
OECD 평균	8.42	2.90	1.77	1.05	0.42	10.96	3.21	5.30
한국/OECD	42.6	120.0	161.6	75.2	428.6	77.6	74.5	47.1

주 : 2010년 기준

자료 : OECD.Stat

세수입 비중에서 유효세율 비교가 중요

그렇다면 조세체계는 어떻게 개혁해야 할까? OECD 국가의 조세수입 구조를 단순하게 비교하는 것에서 출발해 보자. 우리나라는 대부분의 세목에서 GDP 대비 수입금액의 비중이 OECD 평균의 70퍼센트 수준이다. 개인소득세와 고용주 사회보장기여금 비중은 OECD 평균 대비 약 40퍼센트 정도이고, 부동산 보유세, 소비세, 근로자 사회보장기여금 부담은 70퍼센트대 정도이며, 법인세와 자본거래세는 각각 120퍼센트, 428퍼센트로 OECD 평균보다 높다. 단순하게 세수구조만을 고려한다면 개인소득세와 고용주 사회보장기여금의 비중을 높이도록 세제를 개

표 2-3 주요 세목의 최고세율 – 한국과 OECD 평균 비교

(단위 : 퍼센트)

	개인소득세 최고세율	법인세 최고세율	부가가치세 표준세율	사회보험료		
				합계	종업원	고용주
한국	41.8	24.2	10.0	18.50	8.29	10.23
OECD 평균	43.4	25.3	18.9	26.8	10.43	17.27

주 : 2013년 기준. 개인소득세와 법인세율은 중앙정부 소득세율와 지방정부 소득세율을 합한 것

자료 : 강병구(2015)

편해야 한다.

그러나 주요 세목의 세수 규모([표 2-2])와 법정세율 수준([표 2-3])을 비교해 보면, 우리나라의 부가가치세와 사회보험기여금 규모가 OECD 평균보다 적은 것은 어느 정도 낮은 세율에 의해 설명된다. 하지만 소득세와 법인세 세율이 OECD 평균과 그다지 차이가 없는 데도 세수 규모가 큰 차이를 보인다는 점이 주목할 만하다. 이는 외환 위기 이후 가계소득이 기업소득에 비해 점차 감소했기 때문이다.

소득재분배 강화를 위한 직접세 중심의 증세

보수적인 재정학자들은 누구에게나 동일한 세율이 적용되기 때문에 시

장 교란이 적다는 점을 들어 간접세인 소비세를 올리는 것이 효율적이라고 주장한다. 그러나 우리나라 조세제도는 OECD 국가에 비해 직접세 역할이 간접세보다 작은 편이고, 그로 인해 조세의 소득재분배 역할도 OECD 평균에 비해 낮다. 이러한 상황을 무시하고 효율성만을 중시하여 역진적인 소비세 증세를 추진하는 것은 복지 확대의 재원을 저소득층에게 무겁게 부담시킬 뿐이다.

최근 우리나라는 소득 양극화가 심하기 때문에 복지 확대의 재원을 누진적인 소득세 인상으로 조달하는 것이 소득재분배 효과를 극대화할 수 있다는 점에서 적절하다. 우리나라는 그간 소득세 비중이 증가해 온 것은 사실이지만 다른 OECD 국가보다 역진적이라고 하는 소비세 비중이 아직까지 과도하게 크다는 점에서 소비세보다 소득세 증세를 먼저 추진하는 것이 바람직하다([그림 2-2] 참조).

복지를 단기간에 아주 큰 폭으로 증가시키고자 한다면 소비세 증세를 동시에 추진해야 한다는 주장도 있다. 양재진(2015)은 소득세 상위 1퍼센트에 대한 최고세율의 신설은 상징성 차원에서 필요하지만 중산층을 대상으로 하는 소득세율 인상은 조세저항을 야기할 수 있으므로 소비세인 부가가치세 증세를 적극 활용해야 한다고 주장한다. 부가가치세 증세를 주장하는 학자는 사회민주주의 국가도 복지 확대를 위해 이에 의존했다는 점을 거론한다. 사회민주주의 국가의 경우 복지국가 초기부터 소비세에 대한 의존도를 높이기 시작해 GDP에서 차지하는 비중이 1980년대 말까지 지속적으로 증가했다는 것이다.* 하지만 우리나라의 경우 복지

* 간접세 재원으로 복지가 대규모로 확대되면 그 혜택은 저소득층에게 주로 돌아가기 때문에 부가가치세의 역진성이 줄어들 수 있고, 생필품과 같이 저소득층이 많이 사용하는 재화의 부가가치세율을 낮게 하는 식으로 조정할 수도 있다는 주장이다.

그림 2-2 소득세 대비 소비세 비중 추이 – 한국과 OECD 평균 비교

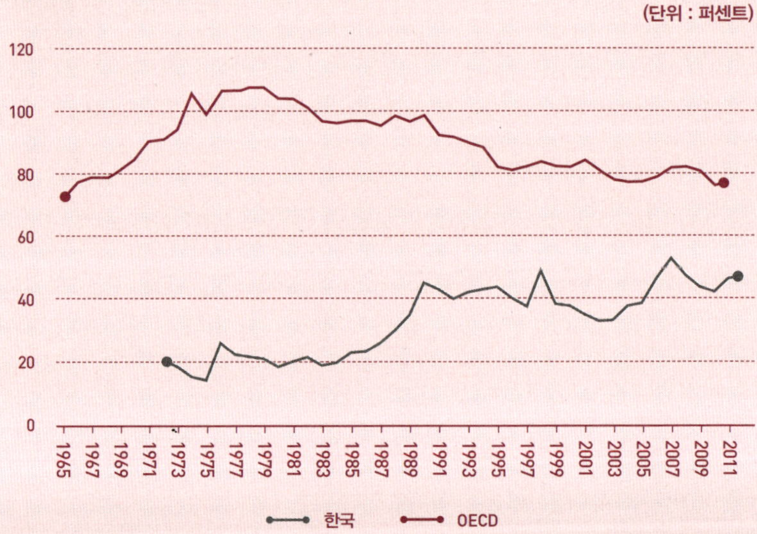

자료 : OECD 홈페이지

재원을 확보하기 위해서는 소득 상위 1퍼센트 계층을 넘어 상위 10퍼센트까지 증세 대상이 되도록 소득세를 강화시켜야 한다.

소득세 개편은 상위계층의 유효세율을 올리는 방향으로

최근 소득세의 누진성은 충분하지만, 면세자 비중이 과도하게 크기 때문에 이를 줄여 세수 규모를 늘려야 한다는 주장이 있다. 즉 '낮은 세율과

표 2-4 가구별, 소득별 근로소득의 유효소득세율 수준(2014)

(단위 : 퍼센트, 퍼센트포인트)

	독신			홑벌이 부부, 무자녀			홑벌이 부부, 2자녀		
평균소득 대비 소득수준	한국 (A)	OECD 평균 (B)	B-A (퍼센트 포인트)	한국 (A)	OECD 평균 (B)	B-A (퍼센트 포인트)	한국 (A)	OECD 평균 (B)	B-A (퍼센트 포인트)
50 퍼센트	0.7	7.3	6.6	0.50	4.6	4.1	0.00	3.4	3.4
67 퍼센트	1.65	10.1	8.5	1.28	7.4	6.2	0.00	5.7	5.7
100 퍼센트	4.93	13.8	8.9	4.40	11.2	6.8	2.63	9.6	6.9
167 퍼센트	9.21	18.7	9.5	8.70	16.6	7.9	7.24	15.3	8.0
200 퍼센트	11.4	20.5	9.2	10.96	18.6	7.7	9.73	17.4	7.7
250 퍼센트	13.6	22.6	8.9	13.30	20.9	7.6	12.31	20.0	7.7

주 : 상시근로자 기준

자료 : OECD Taxing Wages 2016, OECD 홈페이지 데이터 가공

넓은 세원 원칙'을 추구하는 것이다(성명재, 2011). 최근 소득공제가 세액공제로 전환되는 소득세 개편 이후 면세자가 증가했기 때문에 이러한 주장이 더욱 강력해졌다. 그러나 면세자가 대거 발생하는 이유는 저임금 노동자가 다른 OECD 국가에 비해 매우 많기 때문이다.

근로소득의 수준별로 실효세율(근로소득공제, 인적공제만 고려)을 OECD

국가와 비교해 보면 우리나라가 OECD 평균보다 모든 소득계층에서 세부담이 작지만 특히 상위의 소득계층에서 세부담이 더욱 작다. 따라서 우리나라의 소득세 체계는 전체적으로 유효세율을 올려야 하지만 특히 상위계층의 유효세율을 더 올리는 방향으로 개편돼야 한다.

이를 위해서 첫째, 고소득층에게 과도하게 제공되는 비과세·감면의 대폭적인 정리가 필요하다. 근로소득자는 상위 20퍼센트 계층이 전체 감세액의 90퍼센트, 종합소득자는 감세액의 93퍼센트를 가진다. 비과세·감면 제도는 일정 소득 이상에 대해서는 더 이상 혜택이 증가하지 않는, 즉 상한선을 두는 방식이다. 둘째, 상위계층의 유효세율을 올리기 위해서 고소득 구간에 대한 세율 인상이 필요하다. 얼마 전까지 1억 5000만 원 이상 과표에 대해 38퍼센트 한계세율이 적용되었고, 지금은 5억 원 이상에 대해 40퍼센트 한계세율이 적용되고 있지만 조금 더 강화될 여지가 있다.

법인세는 외환 위기 이후 가계소득보다 기업소득이 증가했기 때문에 세수 규모가 크지만 소득세에 비해 세율이 지나치게 낮다(김유찬, 2015). 특히 2011년 기준 상위 1퍼센트 기업이 당기순이익의 94.0퍼센트를 차지할 정도로 기업규모별 격차가 심각한데 상위 10대 기업의 실효세율이 대기업 평균보다 낮다는 점이 문제이다(강병구, 2015). 소득은 대기업에 집중되는데 이들이 적정 수준의 세금을 내고 있지 않은 것은 심각한 조세정의 훼손이다. 따라서 상위 대기업의 법인세 유효세율을 높일 필요가 있다. 이를 위해서는 대기업이 주로 가져가는 비과세·감면 제도를 정리하고 이명박 정부가 당기순이익 200억 원 초과 기업에 부과하는 한계세율을 25퍼센트에서 22퍼센트로 내린 것을 원래 수준으로 되돌려야 한다.

또한 당기순이익 500억 원 이상의 상위 과표 구간을 신설하여 25퍼센트의 높은 세율을 부과하는 방안도 생각해 볼 수 있다.

불로소득과 고액 부동산에 대한 과세 정상화

근로소득에 비해 현저히 낮게 과세되는 자산소득과 자본이득에 대한 과세도 정상화돼야 한다. 얼마 전부터 1주택자를 제외하고 임대소득 과세가 실시되었지만 분리과세, 높은 필요경비, 기본공제를 제공하기 때문에 임대소득 과세는 낮은 편이다. 또한 근본적으로 임대가구 수에 비해 임대소득 신고 수가 매우 적다는 점도 문제이다.

배당과 이자소득은 2000만 원 이하인 경우 분리과세돼야 하는데 이를 종합과세화하는 것이 다른 소득과 비교할 때 공정하다. 한편 상장주식 양도차익은 소수의 대주주에 대해서만 과세되고 있다. 선진국에서는 대부분 상장주식 양도차익 과세가 실시되므로 금융시장에 미칠 충격을 핑계로 회피할 것이 아니라 제대로 과세해야 할 것이다.

아울러 부동산 관련 세제와 관련해서 가장 심각한 문제는 낮은 공시지가로 인한 과표의 축소이며 OECD 국가에 비해 현저하게 낮은 부동산 보유세율도 문제이다. 부동산에서 발생하는 불로소득이 양극화의 주요 원인이 된다는 점을 고려하면 고액 부동산에 대한 보유세를 강화하여 불로소득을 노리는 투기 행위를 막아야 한다. 그리고 이명박 정부의 감세 정책으로 비과세·감면 혜택이 확대된 상속세와 증여세도 부담을 강화해 부의 대물림을 차단한다는 원래의 목적을 제대로 달성해야 한다.

2부

서울의 새로운 규칙 만들기

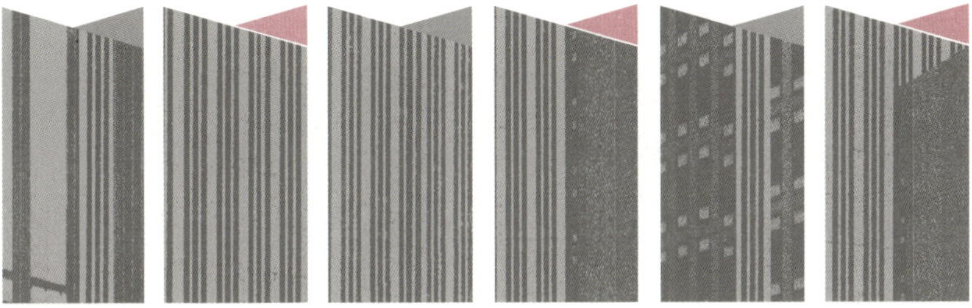

| 3장 |

경제 평등과 포용 성장을 위한 서울의 경험

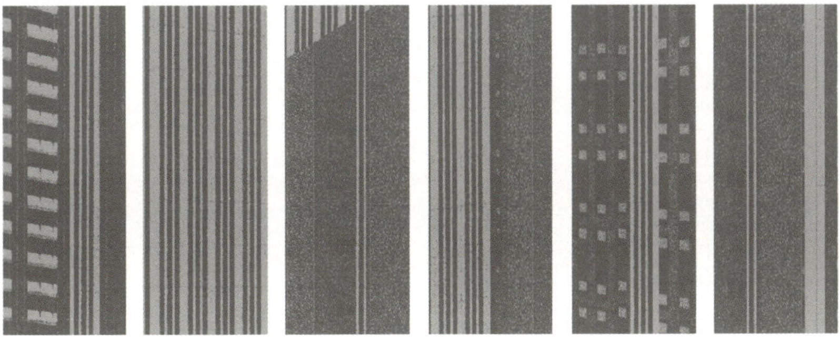

1

경제적 불평등: 서울 수도권을 중심으로

소득 불평등

통계청의 가계금융·복지조사를 보면 2014년을 기준으로 수도권 가구의 가처분소득의 평균소득은 2558만 6,000원이고, 중위소득은 2145만 4,000원이다. 즉 가구원 1인당 소비와 저축을 자유롭게 할 수 있는 여유 자금이 1072만 7000원에서 3218만 원인 집단이 중산층에 포함된다. 2014년 중산층 비중은 54.9퍼센트로 전년 대비 0.4퍼센트포인트 상승했으나 최근 3년간 중산층 규모의 큰 변화는 없다.

그러나 계층 내에서는 변화 양상을 보인다. 중위소득 50~150퍼센트

표 3-1 균등화 가처분소득 기준 계층 규모 추이

(단위 : 퍼센트)

구분	균등화 가처분소득 기준	2012	2013	2014
저소득층	중위소득 50퍼센트 미만	18.3	18.6	18.3
중산층	중위소득 50~150퍼센트	54.6	54.5	54.9
	50~75퍼센트	15.1	15.4	14.9
	75~125퍼센트	29.3	28.6	29.5
	125~150퍼센트	10.2	10.4	10.4
고소득층	중위소득 150퍼센트 이상	27.1	26.8	26.8

주 : 균등화 가처분소득 기준의 중위소득값은 다음과 같다.
- 2012년 1억 9950만 원, 2013년 2억 849만 원, 2014년 2억 1454만 원

자료 : 통계청, 각 연도, 가계금융·복지조사

집단을 세분화하여 살펴본 결과 중상위층에서는 변화가 그리 크지 않는데 비해, 중위소득 75~125퍼센트 구간에서 점유율 변화가 주목된다. 이러한 현상은 이들 계층이 경제 상황 변화에 매우 민감하다는 것을 함의한다.

2014년 가계금융·복지조사 결과에 따르면 수도권에 거주하는 저소득층은 소득의 48.2퍼센트를 근로소득에 의존하며, 이전소득이 소득의 34.3퍼센트를 차지한다. 중산층 가구는 소득의 71.4퍼센트가 근로소득으로 이루어져 있다. 특히 중위소득 125~150퍼센트의 중상위 소득계층의

표 3-2 소득계층별 소득 분포

(단위 : 만 원)

균등화 가처분소득 기준	경상소득	근로소득	사업소득	재산소득	이전소득
저소득층	1039.45	501.93	124.98	55.62	356.93
중산층	3905.18	2788.55	784.69	118.52	213.42
- 중위소득 50~75퍼센트	2463.56	1654.39	495.95	92.01	221.22
- 중위소득 75~125퍼센트	3998.45	2868.25	809.15	108.53	212.52
- 중위소득 125~150퍼센트	5708.56	4189.40	1129.47	184.92	204.77
고소득층	9825.41	6694.86	2243.15	624.04	263.36
전체	4968.95	3418.09	1055.21	242.60	253.05

주 : 수도권 대상 총 6,206가구, 가중치 적용

자료 : 통계청, 2014, 가계금융·복지조사

근로소득 비율이 73.4퍼센트로 가장 높게 나타났다. 이에 비해 고소득층의 사업소득은 22.8퍼센트이고, 재산소득(금융소득, 임대수입 등)은 6.4퍼센트이다.

자산 불평등

2014년 가계금융·복지조사 결과를 보면 중위소득 50~150퍼센트의 중

표 3-3 소득계층별 자산 현황

(단위 : 만 원)

균등화 가처분소득 기준	순자산액	자산 총액	금융자산	실물자산	부채 총액	금융부채	임대 보증금
저소득층	11,794.3	14,500.3	3,567.5	10,932.9	2,706.0	1,703.3	1,002.7
중산층	23,860.8	30,148.9	8,273.0	21,875.9	6,288.1	4,066.2	2,221.9
고소득층	64,398.5	79,567.1	21,056.2	58,510.9	15,168.6	9,303.6	5,865.0
전체	32,526.5	40,541.3	10,841.0	29,700.3	8,014.8	5,038.8	2,976.0

주 : 수도권 대상 총 6,206가구, 가중치 적용

자료 : 통계청, 2014, 가계금융·복지조사

산층 평균 자산 총액은 3억 149만 원으로 저소득층 1억 4500만 원의 약 두 배 수준이고, 고소득층 7억 9567만 원의 3분의 1 수준이다. 중산층은 부동산자산을 포함한 실물자산이 총 자산의 72.3퍼센트이다. 가구소득이 낮을수록 실물자산 비중은 높고, 금융자산은 낮았다.

2014년 기준 수도권의 중산층 가구 가운데 부채가 있다고 응답한 가구는 71.6퍼센트이다. 중산층 자산에서 부채 비율은 약 21퍼센트로 저소득층(18.7퍼센트)이나 고소득층(19.1퍼센트)에 비해 높다. 부채는 크게 금융부채와 임대 보증금으로 나눌 수 있는데 중산층은 특히 금융부채 비중이 64.7퍼센트로 다른 계층에 비해 높게 나타났다.

표 3-4 소득계층별 거주 주택 현황

(단위 : 제곱미터, 만 원)

균등화 가처분소득 기준	전용면적	부동산자산	
		거주 주택	거주 주택 이외 부동산
저소득층	59.12	7,717.03	2,944.08
중산층	74.62	12,946.27	7,657.28
– 중위소득 50~75퍼센트	69.55	10,655.89	6,165.36
– 중위소득 75~125퍼센트	75.71	13,164.19	7,181.53
– 중위소득 125~150퍼센트	78.82	15,613.52	11,147.25
고소득층	95.07	26,167.59	28,072.90
전체	77.27	15,535.99	12,270.87

주 : 수도권 대상 총 6,206가구, 가중치 적용

자료 : 통계청, 2014, 가계금융·복지조사

주택과 부채의 특성

자산은 개인의 경제적 불평등뿐만 아니라 국가의 사회적 불평등 측면에서도 결정적 요인으로 작용한다. 특히 사회안전망이 취약한 상황에서 자산은 실직, 질병, 은퇴 등 갑자기 다가오는 사회적 위험에 대비하는 수단이 된다. 중산층이 삶의 안전성을 확보하는 데 있어 자산 형성은 매우 중요하며 자산의 차이는 곧 복원력의 차이를 의미한다.

중산층에게 주택은 안정된 주거 대상이자 동시에 자산 형성의 기반이 된다. 2014년 가계금융·복지조사에서 수도권의 중산층 가구 48.1퍼센트가 자가 소유 주택에 거주하고 있으나, 전세 거주 비율도 30.1퍼센트로 다른 계층에 비해 높았다.

수도권 가구의 주택 유형을 살펴보면 소득이 높을수록 아파트 거주 비율이 높고, 소득이 낮을수록 단독주택 거주 비율이 높다. 저소득층의 39.8퍼센트가 단독주택에 살고 있다고 응답했는데, 평균 전용면적이 59.12제곱미터, 거주 주택가가 7717만 원으로 상대적으로 열악한 주거 환경에 거주하고 있다.

각 계층별 가계부채 분포([표 3-5] 참조)를 구체적으로 살펴보면, 수도권 중산층의 부채 총액 평균이 6288만 원이고 중산층 내에서 소득이 높은 가구일수록 부채 비중은 감소했다. 중산층은 금융부채가 4066만 원으로 부채의 64.7퍼센트를 차지하고 있으며, 금융부채 상당 부분이 부동산과 관련된 담보대출이다. 임대보증금 비중은 중상위 소득계층에서 43.1퍼센트로 특히 높게 나타났다.

저성장 기조와 함께 청년층의 고용 불안정이 심화되면서, 세대별로 주택에 대한 인식도 차이를 보인다. 베이비붐 세대에 비해 그 자녀 세대인 이른바 에코 세대는 자가 소유에 대한 욕구가 낮으며, 주거 사정 역시 전반적으로 불안정하다. 이러한 경향은 세대별 주거 형태의 차이로 나타난다. 세대가 높아질수록 자가 소유 거주가 많으며, 세대가 낮아질수록 전세와 월세 형태의 거주가 많다.

에코 세대는 주택이 자산 증식보다 주거안정 수단으로 인식 전환이 이

표 3-5 소득계층별 부채 유형

(단위 : 만 원)

균등화 가처분 소득 기준	부채 총액	금융부채	담보대출	부동산 담보 대출	거주 주택 담보 대출	임대 보증금	자가 임대 보증금
저소득층	2,706.0	1,703.3	1,305.8	1,064.9	863.0	1,002.7	321.9
중산층	6,288.1	4,066.2	3,405.9	2,899.7	2,080.2	2,221.9	579.2
– 중위소득 50~75퍼센트	4,955.8	3,156.5	2,569.0	2,119.9	1,678.9	1,799.3	568.2
– 중위소득 75~125퍼센트	6,281.7	4,310.4	3,637.5	3,132.6	2,207.3	1,971.3	499.3
– 중위소득 125~150퍼센트	8,217.3	4,678.2	3,949.5	3,357.7	2,295.1	3,539.1	821.6
고소득층	15,168.6	9,303.6	7,944.7	7,155.9	4,473.5	5,865.0	641.5
전체	8,014.8	5,038.8	4,239.2	3,705.7	2,499.5	2,976.0	548.9

주 : 수도권 대상 총 6,206가구. 가중치 적용

자료 : 통계청, 2014, 가계금융·복지조사

루어지길 기대한다. 에코 세대는 경제력 부족과 소극적인 금융 대출로 부모의 지원 없이 주택 구매가 불가능하다. 저성장 체제에서 사회 진출이 30대 초반으로 지연되면서 주택시장 진입부터 주거비 부담이 상당하다.

우리나라에서 중산층은 주택가격 상승과 함께 형성되고 확장됐다고 해도 과언이 아니다. 별다른 사회안전망이 존재하지 않는 상황에서 주택자산은 안정적인 주거로서의 의미와 더불어 노후의 복지수준을 결정하는 중요한 경제적 자원의 역할을 한다.

우리 사회에서는 전반적으로 가구주 연령이 높을수록 자가주택보유율이 높다. 자가주택보유율이 높을수록 주택가격 하락에 저항하는 보수적 성향을 띨 가능성이 높다. 우리나라에서 고령자일수록 보수 정당 지지율이 높은 이유도 여기서 찾을 수 있다. 그리고 이러한 대응으로 보수 정당은 각종 개발사업과 규제 완화를 적극적으로 추진하는데 이는 주택자산 가치를 상승시킬 수 있을 것이라는 기대가 작용하기 때문이다.

저성장 체제에서 소득 격차의 불평등과 고용 불안정이 심화되는 상황에서 주택을 중심으로 한 자산 격차의 확대는 부동산시장에서 가계부채의 증대로 이어지고 이들의 계층 하락을 초래할 수 있다. 결국 자산 소유의 불평등이 중산층의 하향 분해를 촉진한다.

2

공공 부문 비정규직의 정규직화

고용 불안정과 저임금에 처한 노동시장

1998년 경제 위기 이후 우리나라 노동시장에서 비정규직이 급증하면서 다수 노동자가 고용 불안정과 저임금 상황에 처해 있다. 비정규직 노동자는 644만 명으로 전체 임금 노동자의 32.8퍼센트에 이른다.* 우리나라는 OECD 국가 중 1년 미만의 단기 근속자 비율이 31.9퍼센트로 가장 높고,** 저임금계층 비율도 24.7퍼센트로 높은 수준이다(OECD, 2015).

* 통계청, 경제활동인구조사 근로형태별 부가조사 결과(2016년 8월).

** OECD.Stat(stats.oecd.org), 2014년 기준.

공공 부문에서도 비정규직 문제가 심각하다. 공공 부문의 비정규직은 2016년 3월 기준으로 268만 명(27.2퍼센트)이다. 이 가운데 중앙행정기관, 지자체, 학교, 공공기관에서 근무하는 비정규직도 33만 명에 이른다.* 비정규직 문제로 대표되는 다수 노동자의 고용 불안정과 낮은 임금은 당사자가 생활하는 데 어려움을 증가시킬 뿐만 아니라, 그들의 낮은 소득에 따른 구매력 저하로 국가 경제의 내수 기반까지 위협하고 있다.

이러한 상황에서 서울시는 공공 부문에서 모범을 보이고 민간 시장의 긍정적 변화를 유도하기 위해 신도적으로 공공 부문 비정규직의 정규직화를 추진하게 되었다. 서울시는 정규직 전환에 있어서 직접고용된 노동자뿐만 아니라 사용 주체와 고용 주체의 분리 문제 등으로 더 열악한 조건에 있는 외주, 용역 등 간접고용 비정규직의 고용 개선 방안을 마련하여 보다 근본적이고 광범위한 해결책을 추진하고 있다.

3단계에 걸친 비정규직의 정규직 전환

서울시는 비정규직의 정규직 전환 기준을 '상시적이고 지속적인 업무'로 정의하고, 그동안 상시적이고 지속적인 업무임에도 불구하고 단기 계약을 반복 갱신한 편법적 관행을 개선했다. 향후 채용에도 '상시적이고 지속적인 업무'의 경우 정규직 고용 원칙을 확인함으로써, 일회적 전환을 넘어 채용 관행도 개선하게 되었다.

* 고용노동부 공공 부문 비정규직 고용 개선 시스템(http://public.moel.go.kr).

그림 3-1 서울시 공공 부문 비정규직의 정규직 전환 3단계

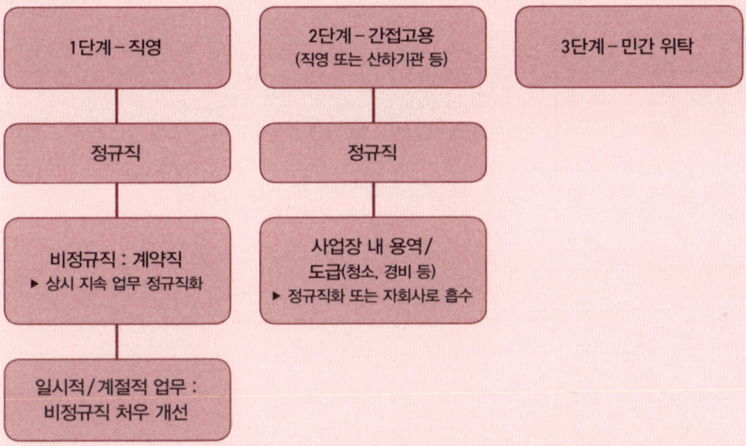

서울시 공공 부문 비정규직 대책은 3단계에 걸쳐서 단계적으로 추진하고 있다. 1단계로 직접고용 기간제를 정규직으로 전환한 데 이어(1,133명을 공무직으로 전환), 2단계로 기간제 노동자를 정규직으로 추가 전환(236명)하고, 간접고용 용역 노동자의 직접고용 전환(5,953명)을 시행했다. 3단계로는 민간 위탁의 고용구조와 고용의 질 개선을 포함하는 계획을 진행하고 있다.

서울시 공공 부문 1단계 비정규직 고용 대책은 서울시, 시 산하기관, 투자출연기관에서 직접고용하고 있는 비정규직(기간제)을 대상으로 했다. 이들 중 상시·지속 업무에 종사하는 비정규직 1,133명을 정규직으로 전환하고 그들의 처우와 인력 관리 제도를 개선했다.

표 3-6 1차 공공 부문 비정규직 대책 주요 내용

상시 지속 업무 종사자 정규직 전환(1,369명)	기준 완화 : 55~59세 고령자도 전환
호봉제 적용	고용 안정과 임금 인상 등 고용의 질 개선
전환 제외자 처우 개선	복지 포인트, 명절 휴가비 등 처우 개선 수당 지급
인력 관리 제도 개선	호칭 개선(공무직), 정원 관리 등 소속감·자긍심 고취 향후 신규사업의 상시 지속 업무 추가 발생 시 정규직(공무직) 채용

서울시 공공 부문 비정규직의 정규직 전환 기준은 중앙정부 기준에 비해 진전된 내용을 포함한다. 상시 지속적 업무의 판단 기준도 중앙정부 기준보다 완화하고 전환에서 제외된 55~59세 고령자도 포함하는 등 대폭 진전된 전환 기준을 제시했다. 또한 호봉제 적용과 같은 처우도 큰 폭으로 개선되었다. '정원 외 인력', '무기 계약직'으로 불리던 호칭도 '공무직'으로 개선하고, 정규직 전환에서 제외된 비정규직에게는 복지 포인트, 휴가비 제공 등으로 제도를 보완했다.

서울시는 2012년 12월 5일 「서울시 공공 부문 2단계 비정규직 고용 개선 대책」을 발표했다. 이에 따라 직접고용 정규직 236명을 정규직화하는 한편, 간접고용 비정규직 5,953명은 2013년부터 2017년까지 단계적으로 정규직화했다. 또한 동일 가치 노동, 동일 임금 원칙을 바탕으로 청소 노동자에 직무급을 도입하여, 정규직 전환과 동시에 임금을 16퍼센트 인상

표 3-7 서울시 간접고용 노동자 정규직화 대책 주요내용

간접고용 비정규직 5,953명, 2013년부터 시가 직접고용, 정규직화

임금·처우가 가장 열악한 청소 노동자 4,256명부터 시가 단계적 직접고용, 정규직화

- 서울메트로, 도시철도공사(3,116명) : 자회사 설립, 2013년 정규직화
- 본청·사업소, 기타 투자출연기관(1,140명) : 2013년 시 직접고용 → 2015년 정규직화
  - 동일 가치 노동, 동일 임금 원칙 '직무급' 청소 노동자에 최초 도입, 16퍼센트 임금 인상
  - 근로 환경 개선, 향후 청소 업종은 50세 이상 우선 고용 직종으로 운용

청소 → 시설·경비 → 기타 분야 순으로, 향후 5년 내 전체 분야 정규직화

하여 처우를 개선하고 근로 환경도 개선했다.

서울시의 1·2단계 공공 부문 비정규직의 정규직화 대책으로 총 7,322명의 비정규직이 정규직화 되었다. 2015년 4월까지 직접고용 1,369명을 포함한 5,625명의 정규직 전환이 되었고, 2017년까지 나머지 1,697명의 간접고용 노동자가 정규직으로 전환되었다.

공공 부문 비정규직의 정규직화 3단계는 민간 위탁 영역이다. 2016년 8월 서울시는 노동 혁신 대책을 추가로 발표했다. 첫째 투자출연기관 민간 위탁 업무 중 생명이나 안전 관련 업무, 상시 지속적 업무의 정규직화, 둘째 향후 채용 시 상시 지속 업무 관행을 엄격히 적용해 비정규 채용은 단기성, 예외성, 최소성의 원칙하에 최소화, 셋째 비정규직의 인사, 승진, 임금, 복지 차별 해소 등을 추진하기로 했다.

이에 따라 그간 민간 위탁으로 운영되던 상수도 검침 교체원, 120 다산

표 3-8 서울시 1, 2단계 공공 부문 비정규직의 정규직화 현황

계	직접고용 비정규직	간접고용 비정규직			
		청소 업무	시설 경비 업무	기타 업무	소계
7,322명	1,369명	4,256명	1,253명	444명	5,953명

1차 직접고용 비정규직의 정규직 전환 완료 : 2012~2013년 1,369명

2차 간접고용 비정규직의 단계적 정규직화 추진 : 2013~2017년 5,953명

그림 3-2 서울시 공공 부문 비정규직의 정규직 전환 계획

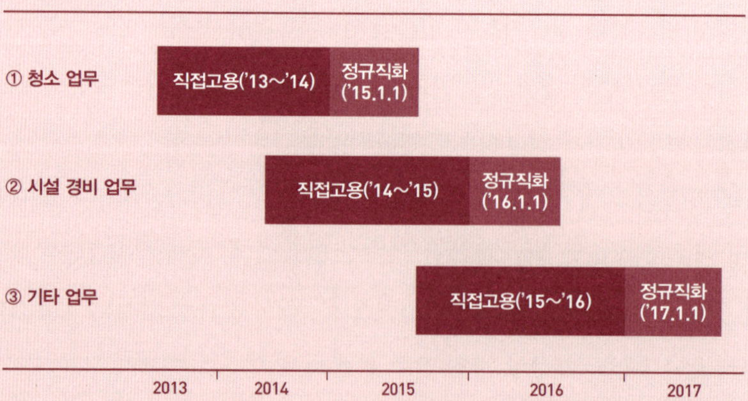

콜센터 직원, 지하철 안전 업무 직원 등을 포함해 1,500여 명의 민간 위탁 직원을 직영으로 전환했다. 이로써 1·2단계에 이어 2017년 1월까지 8,800여 명의 비정규직을 정규직화했다.

양극화된 노동시장을 개선하는 정규직화

서울시 비정규직의 정규직화 추진은 공공 부문에서 노동자의 고용 안정성을 보장하는 모델을 보였다는 점에서 의의가 있다. 비정규직의 고용 불안정과 낮은 처우가 소득 양극화를 심화시키고 있는 우리나라 현실에서 이런 정책 변화는 양극화된 노동시장을 개선하는 데 매우 중요한 계기가 될 것이다.

또한 지방정부로서는 최초로 대규모 비정규직을 정규직화함으로써 다른 지방정부로 확산될 가능성도 높다. 실제로 서울시에 이어 광주광역시, 충청남도 등도 공공 부문의 비정규직을 정규직화했고, 경기도도 관련 정책을 계획하고 있다. 성남시 등의 기초단체에도 확산되고 있다.

구체적인 전환 과정에서도 중앙정부와 비교해 매우 전향적인 기준과 방법이 적용되었다. 비정규직의 고용 기간과 관계없이 상시 지속적 업무에 종사하는 비정규직을 정규직으로 전환하고, 55~59세 사이의 비정규직도 정규직으로 전환하는 등 정규직 전환 기준을 대폭 완화하여 7,000명이 넘는 규모의 정규직화를 이루어 냈다. 이는 공공 부문 비정규직 고용 관행을 실질적으로 개선했다는 점에서 높게 평가된다. 실제로 무기 계약직의 증감률을 살펴보면, 서울시의 경우 2010년 대비 2014년 351.1퍼센트 증가하여 타 지자체와 비교할 때 큰 성과를 내고 있다. 또한 청소, 경비, 시설 등 간접고용 가운데 상대적으로 열악한 용역 부문을 직접고용으로 전환한 것은 매우 전향적이다.

중앙정부는 고용 상황이 열악한 간접고용 노동자의 정규직 전환 대책이 부재한 상태였다. 그러나 서울시는 청소, 경비, 시설 등 열악한 간접고용 노동자를 정규직화하여 공공 부문 비정규직 전환의 모범을 보였다. 실제로 광역자치단체의 간접고용 변화 추이를 살펴보면, 서울시만 유일하게 간접고용이 2012년 대비 2014년 77.3퍼센트 감소한 것으로 나타나 그 성과가 두드러진다. 또한 서울시가 정규직 전환의 원칙으로 제시한 '상시적이고 지속적인 업무'라는 기준은 향후 신규 채용의 원칙으로도 적용되어 공공 부문에서 정규직 중심의 고용 관행 정착에 기여할 것으로 판단된다.

앞서 살펴본 대로 서울시 공공 부문 비정규직의 정규직화는 매우 중요한 의의를 가지고 있고, 실제적인 성과를 내고 있다. 하지만 앞으로 개선할 과제도 있다.

첫째, 서울시 비정규직의 정규직 전환과 관련하여 전환 취지의 이행 정도와 정규직 전환 이후 차별 해소, 처우 개선, 상시 업무의 정규직 채용 관행 이행 등을 지속적으로 모니터링할 수 있는 시스템 구축이 무엇보다 필요하다.

둘째, 국·시·구비 매칭사업(보건복지사업의 간호사, 상담사 등)과 25개 자치구의 비정규직 문제 해결을 위한 지속적인 노력이 필요하다. 2011년 7월 말 기준으로 서울시 자치구 비정규직 노동자는 5,354명에 이른다. 이 중 직접고용 비정규직은 3,833명, 간접고용 비정규직은 1,521명이고, 직접고용의 대다수는 기간제로 3,408명에 이른다. 서울시 본청과 달리 25개 자치구에서는 공공 부문 비정규직 종합 대책 이행도가 낮거나 거의 이행하지 않은 곳이 많아서 서울시와 자치구의 유기적인 협력을 통하여 자치구 비정규직의 정규직 전환을 적극적으로 유도할 필요가 있다.

셋째, 민간 위탁 비정규직 고용구조의 개선 방안 마련이 필요하다. 일부 민간 위탁 부문에서 정규직화가 이루어졌지만 380여 개(1만 7,000여 명 종사자)에 이르는 서울시 민간 위탁 문제는 포괄적인 제도와 복잡한 고용구조가 얽혀 있어 비정규직 고용구조 개선 방안 마련이 쉽지 않다. 노동자 고용 안정과 위탁 운영의 효율성 사이에서 적절한 기준과 원칙을 마련하여 민간 위탁 비정규직 고용구조를 개혁하는 방향으로 직접고용화 또는 개선된 고용 안정 방안을 마련하는 것이 필요하다.

넷째, 비정규직의 정규직 전환에 따른 재정 마련과 효과적인 조직 운영 방안이 필요하다. 단기적으로는 서울시 간접고용 비정규직의 직접고용 전환으로 예산 감소 효과가 보이나, 중장기적으로는 인건비 상승, 처우 개선 문제 등 재정 투입 요인이 증가할 것으로 예측됨에 따라 재정적 대안 마련이 필요하다. 또한 정규직 전환이나 고용 안정 방안 마련과 함께 조직 운영의 안정성과 효율성을 높이기 위한 방안, 임금 · 직급 체계, 교육 훈련 방안 등도 함께 준비되어야 한다.

다섯째, 공공조달(계약 제도) 개선을 통한 고용구조 개선을 민간으로 확산해야 한다. 서울시는 공공조달 시스템 개선을 통해 민간 기업의 고용 계약 제도 개선을 유도하고 있다. 이 제도에 따라 고용구조 개선 등 근로자 권리보호 이행과 민간 기업의 입찰 시 가산점을 부여함으로써 민간 부문의 고용구조 개선과 근로자 권리보호를 유도하고 있다. 서울형 생활임금 도입 여부를 공공조달 기준에 포함하는 등 이 제도를 지속적으로 강화하고 개선해, 민간 부문에서 좋은 일자리가 만들어질 수 있도록 노력해야 한다.

3

노동자 권익보장

민선 5기 이후 추진된 취약계층 노동자 보호 정책

1998년 경제 위기 이후 노동시장 양극화가 심화됨에 따라 여성, 비정규직, 영세기업 노동자 등 취약계층 노동자가 급증하고 있다. 저성장에 따른 일자리 부족으로 청년층 실업률이 증가하고, 취업하는 경우도 불안정한 고용조건과 노동 권익 침해에 노출되기도 한다. 특히 법정 최저임금에 미달하는 노동자, 임금 체불 노동자, 근로계약서 미작성 노동자 등 노동법 사각지대에 놓여 있는 취약계층 노동자의 증가 규모가 크다.

2016년 8월 법정 최저임금 미달 노동자는 266만 명으로 전체 노동자의 13.6퍼센트에 이른다.* 2016년 임금이 체불된 노동자는 32만 5,000명, 체불임금 총액은 1조 4286억 원으로 역대 최대 규모이며 노동법상 의무인 근로계약서를 작성하지 않은 노동자도 전체 노동자의 38.6퍼센트에 이른다.** 노동조합 조직률은 11.9퍼센트인데 비정규직 노동자의 조직률은 2.6퍼센트에 불과해 절대 다수의 노동자가 노동권 보호에 취약한 상황이다.

서울시는 민선 5기 이전에는 자치단체로서 근로감독 권한이 없다는 이유로 노동권 보호를 위한 정책을 시행하지 않았다. 그러나 민선 5기 이후 지방정부 차원에서 할 수 있는 취약계층 노동자 보호를 위한 정책을 적극적으로 추진하기 시작했다.

취약계층 노동자 권익보장 정책 내용

서울시 취약계층 노동자에 대한 서울시 정책은 제도적 근거 마련, 종합계획 시행, 행정 시스템 구축, 지원조직과 인적 토대 마련, 취약계층 노동자 대상별 지원 등 5대 영역으로 나눌 수 있다.

제도적 근거 마련

중앙정부에서는 노동 관련 법령이 마련되어 있으나, 지방자치단체에서는 노동정책에 대한 제도적 근거가 미비한 상황이었다. 이에 서울시는

* 김유선, 2016, 비정규직 규모와 실태: 통계청, '경제활동인구 부가조사'(2016. 3)결과, KLSI Issue Paper, 제4호.

** 통계청, 경제활동인구 부가조사(2016년 8월).

2014년 3월 전국 지방자치단체 최초로 「근로자 권리보호 조례」를 제정하여 노동자 보호를 위한 서울시 정책의 제도적 근거를 마련했다.

「근로자 권리보호 조례」는 근로자 권리보호를 위한 시장의 책무를 명시하고, 노동정책 기본계획을 수립 시행할 의무를 담고 있다. 또한 근로자 권익보호와 증진을 위한 심의, 자문 기구인 근로자권익보호위원회를 설치·운영하도록 규정하고 있다.

종합계획 시행

민선 5기와 6기 들어 공공 부문 비정규직의 정규직화, 노동복지센터의 설치와 운영 등 주요한 노동정책이 시행되었으나, 노동정책의 체계적, 지속적 수행을 위한 서울시 차원의 보다 종합적이고 체계적인 계획 마련이 필요했다. 이에 2014년 제정된 「근로자 권리보호 조례」에 따라 2015년 4월 '서울시 노동정책 기본계획'이 수립되었다.

서울시 노동정책 기본계획은 취약계층 근로자 권익보장, 비정규직 고용 안정 강화, 생활임금 등 적정임금의 보장과 삶의 질 개선, 노동안전, 근로시간 단축 등 거의 모든 노동정책 영역을 포함한다. 또한 이를 실현하기 위해 거버넌스 체계와 노동 행정 기반 강화를 제시하고, 실행을 담보할 재정계획까지 마련했다. 또한 '노동존중특별시 서울' 비전 실현을 위해 '근로자 권익보호', '모범적 사용자 역할 정립'이라는 2대 정책 목표와 61개 단위 과제를 구성했다.

행정 시스템 구축

민선 5기 이전인 2011년까지 서울시는 노동정책을 추진할 수 있는 행정

체계를 갖추지 못했다. 경제진흥실에서 일자리 관련 정책을 집행하고 산하에 노동복지 담당자가 근로자 복지관 운영과 노동조합 설립 신고 업무를 담당하는 정도였다. 그러다가 민선 5기 박원순 시장이 당선되면서 노동정책을 본격적으로 추진하기 위해 노동·고용 정책 담당부서를 설치했다. 2012년 9월 노동정책과에 이어, 2016년 6월 일자리노동국이 독립국으로 신설됐다.

노동정책과의 주요 업무는 노동정책의 통제탑 기능 수행, 정책 개발과 기준·지침 마련, 비정규직 대책 등의 소관 사업 직접 시행, 생활임금제와 근로 환경 개선의 기준 이행 등이다.

노동조합과 노동정책 전문가의 거버넌스도 강화되었다. 기존에 운영되던 서울시 노사민정협의회와 노사정서울모델협의회 이외에도 근로자권익보호위원회, 생활임금위원회, 일자리위원회 등 노동정책 분야별 협치기구도 새로 설립되어 운영됨으로써 노동자 당사자, 노동정책 전문가 등의 정책 협의와 협력도 강화되었다.

지원조직과 인적 토대 마련

취약계층 노동자의 권익보호사업을 실행하는 데 서울시 본청의 행정 기구와 정책만으로는 한계가 있다. 정책 개발과 기획 조정 기능 이외에 세밀한 지역 조사와 연구, 지역 차원의 행정 실행을 위해서는 중간지원조직과 지역(자치구) 차원의 현장지원조직이 필요하다. 이에 따라 이미 운영되고 있는 자치구 노동복지센터를 확충하고, 중간지원조직으로 2015년 서울노동권익센터를 설치·운영하고 있다.

서울노동권익센터는 취약계층 노동자의 노동문제 상담과 법률 지원,

연구조사와 전략사업 발굴, 노동권 교육 훈련과 시민 홍보, 건강 및 산업안전 증진, 사업 지원과 교류, 자치구 노동복지센터 공동사업 발굴과 사업 방향 조정 지원, 취약계층 노동자 근로조건 개선 추진 등의 업무를 수행한다.

자치구 노동복지센터는 2016년까지 성동, 서대문, 구로, 노원 등 4개 자치구에서 운영되었다. 노동복지센터에서는 자치구 차원의 지역 현장 지원 기관으로 노동 법률 상담, 노동권 교육, 문화복지서비스 제공 등의 역할을 수행한다. 서울시 자치구의 4개 노동복지센터에서 연인원 4만 5,000명의 노동자가 관련 서비스를 제공받는 등 지원 활동이 활발하게 진행되고 있다. 2017년에는 3개 자치구에 추가 설치·운영되었고, 향후 25개 전 자치구로 확충될 계획이다.

자치단체인 서울시는 근로감독 권한이 없어 노동법 사각지대에 있는 취약계층 노동자의 권리를 구제하는 데 한계가 있다. 그러나 자치단체는 취약계층 노동자의 노동 관련 애로 사항을 듣고, 노동법 상담을 진행하고, 노동법을 교육하고, 노동법 권리 구제를 지원하는 중요한 역할을 해야 한다. 이를 위해 서울시는 2012년 자치구당 1명씩 총 25명의 시민명예노동옴부즈맨 제도를 도입한 데 이어, 2016년에는 변호사, 노무사로 구성된 전문 노동법 구제 기관인 노동권익보호관을 운영하기 시작했다. 또한 마을 현장에서 활동하는 마을노무사와 청년 아르바이트 권리 구제를 위한 청년아르바이트권리지킴이도 운영하고 있다. 이에 따라 보다 전문적이고 현장 지향적인 노동법 상담을 전개할 수 있게 되었다.

이와 같이 노동정책의 현장 지원 기관이 확대 되고, 취약계층 노동자의 권익보호를 위한 인적 지원 체계가 구축되었다.

취약계층 노동자 대상별 지원

서울시 취약계층 노동자 관련 정책의 또 다른 특징은 대상별로 특화된 지원 방안을 마련하는 데 있다. 직장 여성 노동자를 위한 직장맘지원센터, 이주 노동자 권리보호를 위한 외국인근로자센터, 요양 보호사를 위한 돌봄종사자종합지원센터를 운영하고 있다. 또한 감정 노동자의 인권 보장을 위해 감정 노동자 보호에 관한 조례와 지침을 만들고 2017년 감정노동자종합지원센터를 설치했다. 아울러 대리기사 등의 복지를 위해 이동노동자쉼터를 설치·운영하고, 청년 아르바이트 권익보호를 위해 청년아르바이트권리지킴이도 운영한다.

노동자의 경영참여를 보장하는 근로자이사제도

최근 기업경영에서 주주가치는 우선시되고 단기 이익이 중시되면서 노동 권익 제한, 저임금 외부 인력 활용 등은 만연화되었다. 또한 자본과 노동의 균형은 무너졌고 근로자 몫은 감소했으며 근로 안정성은 약화되었다. 서울시는 공론화와 노사 간 합의 과정을 거쳐 2016년 10월 서울시 투자·출연기관에 근로자이사제도를 도입했다. 이 제도는 노동자 경영참여 제도의 일종으로, 노동자를 대표하는 인사가 기업 이사회에 합법적 구성원으로 참여토록 보장하는 제도다.

경영상 주요 결정 과정에서 노동자 대표의 참여를 보장하는 이 제도는 유럽뿐만 아니라 미국에서도 통용되는 국제적 기준이다. 먼저 유럽연합(EU)에서 2001년 채택한 '유럽주식회사의 노동자 경영참여에 대한 지침

(2001/86/EC)'에 따라, 유럽연합에 기반을 둔 일정 규모 이상의 주식회사는 의무적으로 실시해야 한다.

국제노동기구(ILO) 보고서에 따르면, 시장 경쟁력 확보를 위해 기업은 유연한 기술과 조직 체계로 원활하게 전환되어야 하는데 이를 위해서 노동자 대표 기구의 동의 확보가 필수적이다. 이를 통하여 노동자 경영참여제도는 불확실한 시장 상황에 기업이 능동적으로 대응할 수 있게 해주는 '공동자산'이 될 것이다.

근로자이사제도의 의의와 과제

노동시장의 양극화가 급속하게 진행되고 취약계층 노동자가 증가하고 있는 상황에서 지방자치단체로서 서울시의 취약계층 노동자 권익보호정책은 시의 적절하다. 사회적 과제를 해결하기 위한 서울시의 노동정책은 타 지방정부에도 관심의 대상일 뿐만 아니라, 중앙정부 노동정책에도 시사하는 바가 크다.

노사정 기구(중앙노사정위원회와 지역노사민정협의회) 문제를 제외하고, 이제까지 우리나라 노동 행정에서 지방정부의 역할에 대해서 진지하게 다룬 적은 없다. 이는 노동정책의 기획과 집행, 근로감독 권한 등이 중앙정부에 귀속되어 있는 제도적 한계에 일차적으로 기인한다. 그러나 서울시의 노동정책 사례는 지방정부의 노동정책 영역이 존재하고 기능할 수 있음을 시사한다. 특히 노동법 사각지대가 광범위하게 존재하는 우리 사회에서 취약계층 노동자의 노동권을 보장·증진하고, 노동복지를 강화하기

위한 지방정부의 역할은 매우 중요하다

서울시 노동정책이 지방정부 노동정책의 의미 있는 실행 모델로 발전하기 위해서는 한계를 극복하고 지방정부로서 집중할 사업 영역을 설정하여 보다 종합적이고 체계적인 노동정책을 마련하여 집행해야 한다. 그러기 위해서 우선 민간 영역의 취약계층 근로자 권익보호를 위한 전략사업을 마련하여 공격적으로 실행할 필요가 있다. 서울시와 노동권익센터·노동복지센터, 서울지방고용노동청, 서울시교육청, 노동조합과 경영자단체, 노동사회단체 등이 참여하여 근로감독과 실행 홍보가 결합된 '노동법 지키기 서울캠페인' 등의 전략사업을 대대적으로 전개해야 한다.

또한 노동권익센터와 자치구 노동복지센터의 위상과 역할을 조정하여 시너지 효과가 발휘될 수 있도록 해야 한다. 노동권익센터는 서울시 노동권익사업의 실행 중심 조직으로, 노동복지센터는 자치구(지역) 차원의 현장 밀착 조직으로 각각 그 위상과 역할을 분담해야 한다. 노동권익센터가 서울시 전역의 노동권익전략사업을 설정하여 추진한다면, 자치구 노동복지센터는 해당 지역의 근로자 특성을 반영한 사업 중심으로 운영하여 역할을 분담할 수 있다.

상담, 법률구조, 근로자 복지에 대한 수요가 지속적으로 증가하고 이용자 만족도도 높은 상황에서, 지역 밀착형 노동복지사업의 실효성을 높이고 지역 밀착형 서비스를 제공하기 위해서는 최근 일부 자치구만 운영하고 있는 노동복지센터를 25개 전 자치구로 확대하여 운영하는 방안도 적극 추진해야 한다.

사회복지서비스 노동자의 권리보호도 필요하다. 아이 돌봄, 노인 돌봄, 장애인 돌봄 등 사회복지서비스는 공적 서비스로서, 중앙정부와 지방정부, 공공기관의 책임이 높은 영역이자 복지서비스의 증가 추세에 따라 시장이 지속적으로 확대되고 있는 영역이다. 그러나 이 산업에 종사하는 민간 부문의 근로자는 대부분 고용 불안정과 열악한 근로조건 속에서 일하고 있다. 사회복지서비스에 종사하는 민간 부문 근로자의 권리보호를 최우선 대상으로 설정해 정책 대안을 마련할 필요가 있다. 그 대안 중 하나가 (가칭)사회서비스재단 설립이다. 노인 요양 보호사 등을 포함한 돌봄 근로자를 사회서비스재단에서 채용하고, 양질의 교육 훈련 체계를 갖춰 안정적인 고용 상태에서 공적 서비스를 담당하게 함으로써, 근로자 고용의 질을 높임과 동시에 복지서비스의 질을 높일 수 있다.

4

생활임금제도

인간다운 삶을 보장하는 생활임금제도

기초소득보장을 위한 대표적인 제도로 최저임금제가 있다. 최저임금제는 근로자 임금의 최저 수준을 보장하여 근로자의 생활 안정과 노동력의 질적 향상을 꾀함으로써 국민경제의 건전한 발전에 이바지하게 함을 목적으로 한다(최저임금법 제1조).

현행 최저임금은 노동자의 생활 안정에 큰 도움을 주지 못하고 있고, 실제로 1인 가구 월평균 가계지출에도 미치지 못하는 금액으로 설정되어 있다. 2016년 최저임금은 시간급 기준으로 6,030원이다. 이를 월급으로 환산하면 126만 270원인데 해당 금액은 1인 가구 월가계지출(명목)인 145만 755원의 86.87퍼센트에 불과하다.

생활임금은 물가수준을 반영하여 해당 지역에서 빈곤의 수준을 넘어 실제 생활이 가능한 정도의 임금을 의미하며, 보다 구체적으로는 근로자가 주 40시간의 노동만으로 양질의 주거·음식·교통·건강보험·통신·여가 비용 등을 지불할 수 있는 수준의 임금을 나타내는 개념이다. 즉 생활임금의 주요 목적은 최저임금만으로는 보장이 어렵다고 판단되는 근로자의 주거비, 교육비, 문화비, 교통비 등을 종합적으로 고려하여 인간다운 삶을 보장할 수 있게 하는 적정한 소득을 제공하는 데 있다.

2015년 서울시 생활임금제 시행과 운영

2015년 서울시는 최저임금으로는 근로자에게 필요한 최소 생활수준 보장이 곤란하다는 인식에 따라 근로자의 인간다운 생활을 위한 최소한의 소득보장을 위해 '서울형 생활임금제'를 도입했다. 생활임금제 도입에 앞서 서울시는 성공적인 제도 시행을 위해 이해당사자, 서울특별시의회, 연구기관 등과 협력했다. 우선 이해당사자를 설득하고, 제도의 필요성을 적극적으로 홍보하기 위한 토론회와 공청회 등을 개최했다. 뿐만 아니라 생활임금 도입으로 인한 예산 소요액을 파악하기 위해 서울시에 근무 중인 비정규직 근로자의 임금 실태를 파악하고 생활임금제 적용 대상과 소요예산 분석을 시행했다. 광역지자체 최초로 생활임금제를 시행한 서울시는 제도 도입에 선도적 역할을 수행했다. 또한 서울시의 생활임금제 시행

후 제도의 전국적인 확산 속도는 더욱 빨라졌다.

서울시는 생활임금제를 처음 시행한 2015년 가계지출 기준(가계동향조사)에 실생활을 반영한 서울형 3인 가구 가계지출 모델을 활용하여 생활임금액을 산정했는데, 이 모델은 가계지출, 사교육비, 주거비 등이 고려되었다.

이 모델을 활용한 2015년 서울의 생활임금은 시간급 기준으로 6,687원이다. 월 기준(209시간)으로는 약 140만 원이며, 당시 최저임금인 5,580원보다 약 20퍼센트 높은 수준이다. 이후 생활임금액은 꾸준히 상승하여 2016년에는 7,145원으로 전년 대비 7퍼센트가량 상승했으며, 2017년에는 8,197원으로 광역지자체 중 광주광역시 다음으로 높은 금액이다.

2015년 서울시 생활임금 산정에는 기본급 외에 교통비, 식대 수당만 포함됐다. 즉 기본급·교통비·식대를 합한 금액이 생활임금액보다 낮을 경우에 차액만큼 보전을 받았으며, 그 이외의 수당은 기존대로 지급되었다. 하지만 2017년부터는 이외 수당도 통상임금에 포함되도록 생활임금 산입 기준을 변경했다. 이로 인해 근로자가 받는 실질임금의 수준이 기존보다 하락될 것으로 우려됐으나, 생활임금액 상승 폭을 확대하여 이러한 문제를 해결하려고 노력했다.

2013년 노원구와 성북구가 전국 최초로 생활임금제를 시행했지만 서울시 자치구로의 제도 확산은 더디게 진행되었다. 그러나 서울시가 2015년 생활임금제를 시행하면서 자치구에도 제도 도입을 권유하는 등 제도 확산에 주력했다. 그 결과 2015년부터는 서울시 25개 자치구 중 19개가 생활임금 조례를 제정하여 시행 중이다.

서울시 생활임금제 시행은 자치구에 일종의 지침을 제공하는 역할을

그림 3-3 서울시 및 자치구 생활임금제 현황

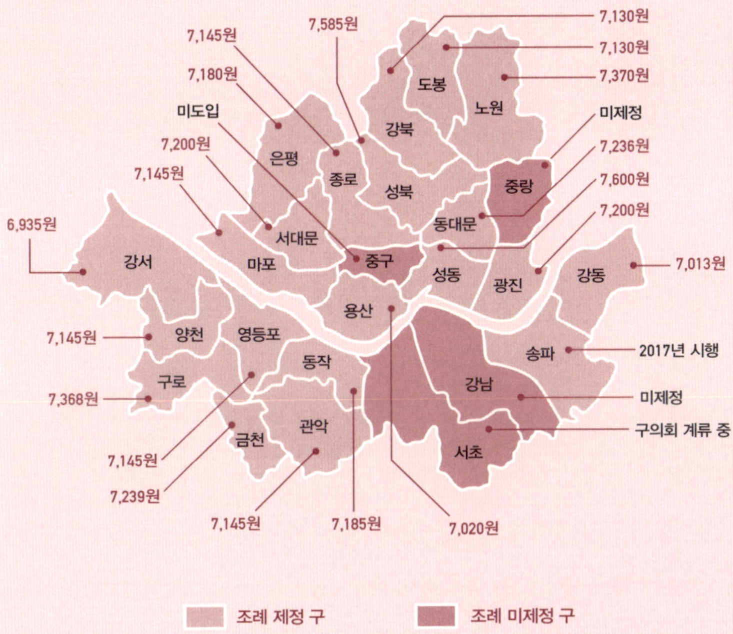

기관 : 서울시(2016년 생활임금액(시급) : 7,145원)

자료 : 서울시(2016년 3월 기준)

하여 제도를 도입하지 않았던 자치구는 서울시의 생활임금제 시행 경험을 참고하여 제도를 운영하게 되었다. 세부적으로는 생활임금 적용 대상 선정, 생활임금액 산정, 생활임금위원회 구성 등 제도의 실무적인 부분에서 특히 많은 영향을 미쳤다. 생활임금제는 자치구 소속 근로자, 산하 투자출연기관 근로자 등에 우선적으로 적용되었으며 생활임금위원회의 구성 등 행정절차에서도 서울시의 방식을 참고했다.

민간 부문으로 생활임금제를 확산하는 길

공공 부문 직접고용 분야에서는 각 지자체 조례로 생활임금제가 적용될 수 있으나, 조달 계약 등으로 형성되는 간접고용 분야는 법적인 제약 요인이 있다. 2012년 법제처는 경기도 부천시가 제정한 생활임금조례 중 "(지자체와 용역·위탁 계약을 맺는) 법인·단체가 소속 근로자에게 생활임금 기준의 급여를 지급해야 한다"는 조항과 관련해, 지방자치법 제22조 "주민의 권리 제한 또는 의무 부과에 관한 사항이나 벌칙을 정할 때에는 법률의 위임이 있어야 한다"의 위반이라고 유권해석했다. 또한 "민간 기업에 생활임금을 강제하는 조례는 지방계약법*에 위반된다"고 지적했고, 개인에 대한 보조를 금지하는 지방재정법 제17조를 위반할 여지가 있다고 했다. 따라서 현행 법령과의 충돌, 중앙정부의 의견 등을 감안할 때, 민간 사업자에게 생활임금제를 강제하기는 어렵다.

생활임금제도의 민간 부문 적용을 위한 비교적 현실적인 대안은 조달 계약 공고 시 생활임금 적용 서약서나 확약서 제출 업체에 가산점 부여 항목을 '일반 용역 적격 심사 세부 기준'이나 '협상에 의한 계약 제안서 평가 세부 기준'에 반영하는 정도이다. 이러한 한계를 극복하기 위해 생활임금법을 담은 최저임금법, 국가계약법, 지방계약법 개정안이 국회

* 지방계약법 제6조 제1항 "… 계약상 이익을 부당하게 제한하는 특약이나 조건을 정하여서는 아니 된다"고 규정하고 있다.

를 통과하여 법제화되는 것이 선행되어야 한다. 지자체와 국가가 최저임금 이상의 생활임금을 공공 부문 저소득 근로자에게 적용하는 제도적 기반을 형성함으로써 생활임금제를 민간 부문으로 적용하고 확산을 추진하는 것이 가능해진다. 따라서 서울시를 비롯한 지방자치단체는 생활임금제 관련 법 개정에 지속적인 관심을 가지고, 중앙정부와의 협의를 통해 법제화를 이끌어 낼 필요가 있다.

서울시는 본청과 투자출연기관 소속 근로자에게 생활임금을 지급하고 있고, 2015년 10월에 서울시의회, 서울시교육청, 자치구와 생활임금 업무 협약(MOU)을 체결하여 생활임금제의 확산과 정착 관련 일관된 제도 시행을 도모했다. 업무 협약 체결에 따라 본청, 투자출연기관뿐만 아니라 서울시 전역의 공공 부문으로 생활임금제가 확대되는 계기가 되었다. 생활임금 업무 협약의 주요 내용은 생활임금 지급, 민간 확산을 위한 협력, (가칭)서울시생활임금네트워크 구성, 노동 환경과 제도 개선을 위한 노력 등으로 구성된다. 생활임금 업무 협약 사항이 지켜진다면 생활임금제는 정책 측면에서 한 단계 더 발전하게 된다.

서울시는 2016년 10월 전국 최초로 '생활임금의 날'이라는 행사를 개최하여 시장이 직접 생활임금제를 언급하고 금액을 발표했다. 이는 실제 고시를 통한 기존 홍보 방식보다 파급 효과가 컸다.

서울시는 생활임금 지급 대상을 지속적으로 확대하여, 2016년에는 민간 위탁 근로자에게도 적용했다. 또한 서울시와 용역 계약을 체결한 사업에 대해서도 생활임금 적용을 검토 중이다. 서울시는 단계적인 생활임금제 적용 대상 확대에 주안점을 두고, 궁극적으로 민간 부문까지 확산될 수 있도록 추진할 계획이다.

5

서울형 기초보장제도*

국민기초생활보장제도 한계를 보완한 기초보장제도

2012년 당시 서울시는 국가적 복지수준이 우리 사회의 경제·사회적 발전 성과에 비해 크게 만족스럽지 못하고 지역별 특성을 반영하지 못한다는 인식하에 '서울시민복지기준'을 마련하여 발표했다. 국민기초생활보장제도와 같은 국가 복지기준은 사업 대상 범위가 제한적이고 급여수준도 낮아 도처에 복지 사각지대를 발생시킨다. 또한 지역별 특성을 반영

* 이 글은 서울연구원 연구보고서 '맞춤형 기초보장 시행에 따른 서울형 기초보장제도 운영체계 개편(김경혜)'의 일부를 요약·수정한 것임.

하지 않고 전국에 획일적인 기준을 적용하기 때문에 서울시와 같은 대도시는 국가 단위 복지사업에서 불이익을 받는 경우가 있다. 이에 서울시는 소득, 주거, 돌봄, 건강, 교육 등 5대 복지 영역에서 서울 시민의 생활수준과 지역 특성을 반영한 복지기준을 마련하고 시정계획에 반영하여 연령이나 성별, 계층이나 거주 지역과 관계없이 모든 시민에게 최소한의 복지수준을 보장하고자 했다.

이러한 복지기준은 각 영역별로 '국민 복지 최저기준(national minimum)'의 이념을 수용한 '최저기준(minimum standards)'을 우선 설정하고, 최저기준보다 높은 수준의 '적정기준(decent standards)'을 함께 정하여 서울시 복지정책의 지침을 제시했다. 서울 시민 복지의 최저기준은 서울 시민에게 '최소한의 삶의 질'을 보장하는 기준이고, 적정기준은 서울 시민에게 '품위 있는 삶의 질'을 보장하는 기준을 의미한다. 이를테면 소득 영역에서 최저기준은 "서울 시민 모두가 건강하고 문화적인 생활을 유지하기 위하여 필요한 최소한의 비용"을 보장하는 것이고, 적정기준은 "서울 시민의 소득이 서울시 전체 가구의 중위소득 50퍼센트 이상이 되도록" 설정한 것이다(서울시·서울연구원, 2012). 이 때 소득 영역에서 최저기준을 반영하고자 한 세부 프로그램이 바로 '서울형 기초보장제도'이다.

서울형 기초보장제도는 정부에서 시행하는 국민기초생활보장제도의 사각지대 해소를 위해 추진되었다. 앞서 언급한 국민기초생활보장제도는 정부가 설정한 최저생계비(minimum living cost) 이하에 있는 빈곤한 사람을 보호하는 최후의 사회안전망이지만 실질적으로 빈곤한 사람들 모두를 보호할 수 없다. 그 첫 번째 요인은 '부양의무자' 기준이다. 부양의무자 기준은 최저생계비에 미치지 못하는 사람은 정부보다 가족이 먼저 빈곤에 처한 구성원을 지원하라는 내용이다. 그러나 실제로 부양하지 않고 있는 자녀의 소득으로 인해 수급자가 되지 못하고, 부모 자식 간의 관계 단절을 증명하기가 어려워 수급자에서 탈락하는 등 복지 사각지대의 핵심 요인으로 자리 잡고 있다. 이런 이유로 소득은 최저생계비 이하이지만 정부 생계비를 지급받지 못하고 있는 비수급 빈곤층의 약 74퍼센트가 수급자에서 배제되고 있다(김미숙 외, 2009).

기초보장 사각지대를 양산하는 두 번째 요인은 '소득인정액' 기준이다. 소득인정액은 한 가구의 경제적 능력을 확인하기 위한 소득·재산 조사 기준으로, 저량(stock)의 재산을 유량(flow)의 소득으로 환산함으로써 가구의 재산을 소득으로 환산한 금액을 합산한 단일 소득지표이다. 그런데 소득인정액 기준은 실제 활용 가능한 소득이 최저생계비 이하임에도 불구하고, 재산을 소득으로 환산하여 정부가 지원하는 생계비는 그만큼 감액되는 구조로 설계되어 있어 수급자에게 불리하다. 특히 재산을 소득으로 환산하는 과정에서 적용되는 환산율이 지나치게 높아 빈곤계층을 제도에서 배제시키는 문제가 있다.

기초보장 사각지대를 양산하는 마지막 요인은 지나치게 낮게 설정된 최저생계비 수준이다. 국민기초생활보장제도에서 최저생계비는 수급자 선정과 급여수준을 결정하는 기준이 되는데 현실에 비해 낮게 책정되어 국민의 최저생활을 제대로 보장하지 못한다. 특히 국민기초생활보장제도에서 사용되는 최저생계비 수준은 중소도시 전세 기준으로 계측되기 때문에 서울시의 높은 주거비와 물가를 반영하지 못한다. 실제로 서울시의 최저생계비를 계측한 선행 연구에 따르면 서울의 최저생계비는 전국 평균에 비해 1.16배 내지 1.23배로 추정된다(김경혜, 1998; 서울특별시·서울

그림 3-4 서울시 국민기초생활보장 사각지대 추계

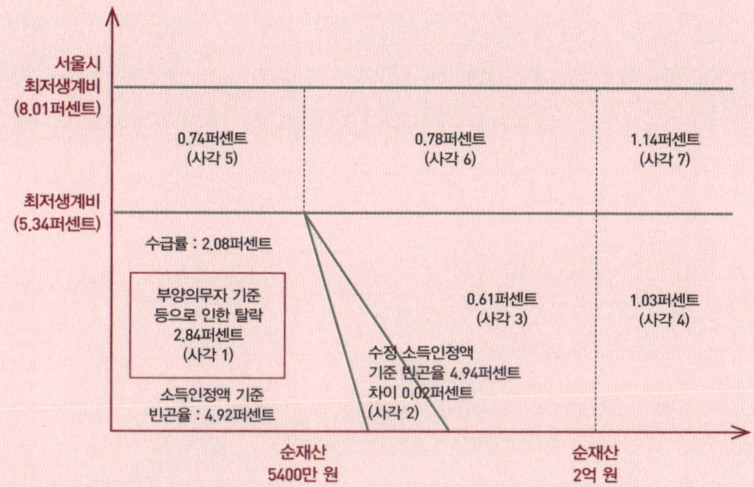

자료 : 서울특별시 · 서울연구원(2012)

시복지재단, 2011).

2010년을 기준으로 전국 평균 최저생계비를 적용하면 서울 시민 중 최저생계비 이하 절대빈곤층은 5.34퍼센트이지만, 서울시 최저생계비(전국 대비 116퍼센트 적용)를 기준으로 하면 8.01퍼센트로 증가한다. 즉 서울에서 최저생계비 이하의 생활을 하고 있는 상당수의 빈곤층이 지나치게 낮게 책정된 전국 기준 최저생계비 때문에 기초수급 대상자로 선정되지 못하고 있다(서울특별시 · 서울연구원, 2012).

서울형 기초보장제도는 이상에서 지적된 국민기초생활보장제도의 한계를 보완하기 위해 시행되었다. 서울형 기초보장제도는 국민기초생활보장제도보다 완화된 기준으로 적용되어 실제로는 최저생계비 이하의 생활을 하고 있으나 법정보호를 받지 못하는 비수급 빈곤층에게 서울시가 생계비를 보조하여 최소한의 생활을 보장하는 사업이다. 이 제도는 2013년 4월부터 6월까지 4개 자치구(성동, 동대문, 노원, 서대문)에서 시범사업을 실시했고 2013년 7월부터 본격적으로 시행되었다.

서울형 기초보장제도로 복지 사각지대 발굴

서울형 기초보장제도는 국민기초생활보장 수급을 신청하는 가구 중에서 대상자를 선정한다. 국민기초생활보장제도는 국민기초생활보장법에 근거한 법정 제도이다. 이와 달리 서울형 기초보장제도는 법적 근거 없이 서울시 자체 사업으로 시행되는 제도이기 때문에 독자적으로 가구의 소득이나 재산 등 개인 자료를 조사할 권한이 없다. 이러한 이유에서 국민기초생활보장제도의 신청을 조사 과정과 병행하여 진행할 수밖에 없다.

서울시 자료에 의하면 2013년 7월 제도 도입부터 2015년 4월까지 서울형 기초보장제도 대상자로 선정된 인원은 총 7,071가구의 1만 422명이다. 여기에 조사 과정에서 국민기초생활보장 수급자로 추가 발굴된 실적과 기타 복지 지원으로 연계된 실적까지 포함하면 총 4만 1,721가구의 6만 4,591명이 추가로 복지 혜택을 받았다.

서울형 기초보장제도 도입 당시 복지 사각지대를 많이 발굴할 것이라는 기대와 달리 서울형 대상자 발굴 실적이 저조한 면이 있지만, 서울형 기초보장제도 조사 과정에서 국민기초생활보장 수급자를 추가로 발굴한 것은 이 제도의 또 다른 성과라 할 수 있다. 2013년 7월부터 2015년 4월까지 총 2만 5,282가구의 3만 8,054명이 국가로부터 기초보장을 받게 되었다. 이러한 성과는 국민기초생활보장제도의 최근 수급 현황 추이와 비교해 볼 때 중요한 의미를 지닌다. 2011년 이후 전국의 수급자 수가 지속적으로 감소하고 있는 반면 서울시는 2012년까지 감소하던 수급자 수가 서울형 기초보장제도가 도입된 2013년 이후 증가하고 있다. 서울시의 기초보장 수급자가 이처럼 증가하게 된 것은 서울형 대상자 조사 과정에서 국민기초생활보장 수급자를 우선적으로 추가 발굴하고 서울형 기초보장을 차선으로 적용했기 때문이며 이는 제도 시행의 직·간접적인 성과로 평가된다(이승선·김연명, 2014).

시민 누구나 적정한 생활수준을 유지하기 위해

서울형 기초보장제도는 독자적인 서울시 자체 사업이지만, 국민기초생활보장제도와 무관한 별개의 사업으로 운영되기 어렵다. 서울형 기초보장제도의 대상자가 국민기초생활보장제도에서 선정·보호되지 못하는 비수급 빈곤층이기 때문에 국민기초생활보장제도의 보장 내용과 수준에 따라 서울형 기초보장제도의 내용도 달라질 수밖에 없다. 최근 국민기초생활보장제도가 개편되면서 서울형 기초보장제도도 개편을 추진하게 된 것도 이러한 이유에서이다.

문제는 서울형 기초보장제도가 급여 방식이나 급여수준 등에서 국민기초생활보장제도의 제약을 받을 수밖에 없기 때문에 제도를 확대시키는 데 한계가 있다는 점이다. 서울형 기초보장제도를 너무 관대하게 운영하면 국가의 기초보장제도와 충돌하고 너무 소극적으로 적용하면 서울 시민의 기초생활보장이라는 기본 취지를 반영하지 못하는 딜레마가 발생한다. 이 문제의 해결 방안은 당초 서울시가 복지기준을 설정하면서 선언한 기본 정신에서 그 방향을 찾아야 한다. 서울시민복지기준의 기본 목표는 서울이라는 지역 특성을 반영하여 서울 시민 누구나 보편적으로 적정한 생활수준을 유지하는 데 있다.

서울시민복지기준의 기본 정신을 고려한다면 생계급여 수준을 점진적으로 상향 조정하고 수급대상 범위도 확대하는 방향으로 발전해야 한다. 우리나라의 맞춤형 생계급여액이 최저생계비의 70퍼센트 선에 불과한 것을 고려하면 맞춤형 생계급여 수급자와 서울형 기초보장 대상자 모두 최저생활을 보장받고 있다고 보기 어렵기 때문이다. 그럼에도 불구하고 서울형 기초보장제도에서 현금급여를 대폭 확대하는 것이 바람직한지는 신중하게 검토되어야 한다. 기초생활보장은 국가의 책무라는 점에서 지방자치단체가 독자적으로 높은 생계급여를 제공하는 것은 정부와 역할 분담을 하는 데 혼란을 초래하고 서울과 지방의 격차를 가중시킬 가능성이 있기 때문이다.

6

서울시립대 반값등록금

사회문제가 된 높은 등록금

대학 등록금 자율화가 시행된 2000년대 이후 등록금이 물가상승률보다 3~4배 가량 높은 수준으로 인상되면서 자녀의 등록금 부담으로 학부모 허리가 휜다는 불만이 많아졌다. 학생들은 등록금 마련을 위해 대학 생활 중에는 학업보다 아르바이트에 매달리다가 졸업 후에는 학자금 대출 빚에 시달린다. 이처럼 급격히 인상된 대학 등록금은 심각한 사회 문제로 제기되었다. 2015년 OECD 교육지표를 보더라도 우리나라의 연평균 국공립대학 등록금은 4,773달러(PPP 기준)로 영국, 미국, 일본 등과 함께 세계적으로 높은 수준에 속한다. 대학 등록금이 사회문제가 되면서 반값 등록금(등록금 인하 정책)이 정치적 의제로 확산되어 2012년 총선과 대선을 거치면서 중요한 정치적 현안이 되었다.

서울시와 정부의 등록금 부담 완화 정책 현황

서울시는 대학생의 학자금 부담을 완화하기 위한 방안으로 2012년 1학기부터 서울시립대학교의 등록금 수준을 50퍼센트로 인하했다. 서울시립대는 2011년 477만 5,000원이던 평균 등록금이 2012년부터 평균 238만 9,000원으로 약 50퍼센트가 줄어들어 실질적인 반값등록금이 시행되었다. 이는 서울대 497만 5,000원, 고려대 715만 1,000원, 연세대 807만 4,000원 등과 비교해 매우 낮은 편이고, 4년제 대학 중 최저이자 서울 지역 사립대 최고액의 3분의 1 수준이다. 정부의 등록금 인하 정책 추진으로 96개 대학이 5퍼센트 이상, 35개 대학이 3~5퍼센트, 45개 대학이 3퍼센트를 인하했지만 그 폭이 적어 흉내 내기에 그쳤다는 비난을 받았다. 이에 비해 서울시립대는 반값등록금 실행으로 고등교육의 대중화를 달성할 만큼 충분히 인하했다.

서울시립대 반값등록금 제도가 도입된 2012년부터 약 1만 7,000명의 학생이 혜택을 받아 2015년까지 누적된 수혜 인원이 7만 335명에 이르고, 등록금 절감액은 753억 원이 되었다. 서울시립대의 반값등록금은 모든 재학생의 등록금을 절반으로 인하하는 보편성을 확보했다는 점에서 이전 정부의 소득 연계형 국가 장학금 방식과 대비된다.

표 3-9 서울시립대 신입생 1학기 등록금 현황

(단위 : 만 원)

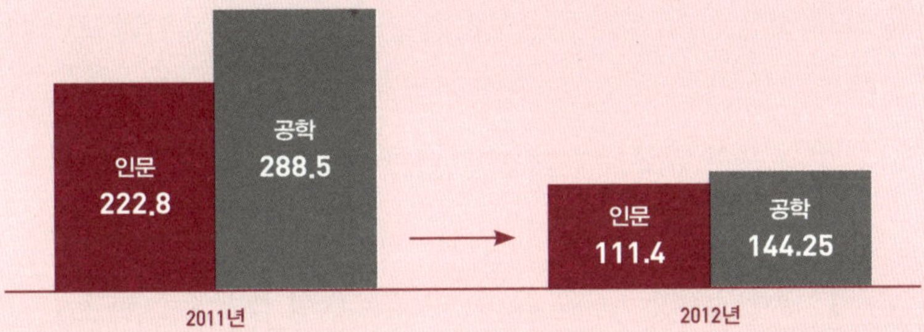

대상 : 서울시립대 신입생

내용 : 2012년도부터 등록금(입학금, 수업료, 기성회비) 절반 감액

서울시 지원금 : 182억 원(2012년도 기준)

서울시립대 반값등록금의 성과

서울시립대 반값등록금 제도의 혜택을 4년 내내 받은 학생 141명이 2016년 2월 처음으로 졸업했다. 반값등록금 정책에 대한 평가는 엇갈린다. 서울시립대 학생의 학자금 대출 규모가 감소하고, 수능 성적과 수시 지원율이 역대 최고를 기록했으며, 타 대학의 등록금 인하에 견인 역할을 하는 등 사회적 파급 효과는 긍정적으로 평가되었다. 하지만 등록금 인하로 교육 환경이 열악해지고, 지방 학생의 등록금을 서울 시민의 세금으로 부담하는 것에 대한 부정적 여론도 있었다. 하지만 서울시립대학교 반값등록

금의 시행 목적은 등록금 인하로 학생들이 아르바이트보다 학업이나 진로 탐색에 몰두하고, 우수한 학생이 서울시립대에 입학하여 학교의 수준을 향상시킬 뿐만 아니라 사회적 문제가 되는 높은 등록금에 선도적으로 대응하기 위함이다. 이에 서울시립대 반값등록금 시행 성과를 학생 생활 변화, 대학 발전 기여, 사회적 영향의 세 가지 측면에서 파악해 보면 다음과 같다.

첫째, 학생 생활 변화를 살펴보면, 반값등록금이 시행된 2012년 이후 학점(GPA)이 꾸준히 향상되었고, 학업 시간과 사회 공헌 활동 시간이 늘어났으며, 교육에 대한 만족도도 높아졌다. 특히 학생들은 등록금 지원 제도가 등록금 부담을 감소시켰다는 점에 가장 만족하고, 이로 인해 서울시립대의 대외 이미지가 좋아질 것으로 예상했다. 다만 교육의 질이나 학생 복지에 미치는 영향에 대해서는 다소 우려하는 학생도 있었다.

둘째, 대학 발전 측면에서 가장 논란이 된 것은 등록금 인하로 예산이 감소하여 교육이나 학생 복지의 질이 저하될 것이라는 우려였다. 이를 확인하기 위해 학교 재정 변동에 관해 분석한 결과 반값등록금 시행 후에도 교육 관련 예산은 거의 감소하지 않았다. 또한 등록금과 관련된 대학 재정지표를 크게 개선시켜 교육부나 언론사 등의 평가에서 도움이 된 것은 매우 긍정적인 결과이다. 다만 서울시의 지원금이 반값등록금 시행에 따른 기성회비 수입 감소 금액 126억 원을 보전하는 수준이라 예산 총액 자체가 크게 증가하지는 못했다. 교육비 평균 증가율은 2011~2015년 9.1퍼센트로 다른 국립대(경북대·부산대·전북대)의 평균 증가율 24.8~36.9퍼센트에 비해 낮아 교육에 대한 투자가 상대적으로 적은 것으로 평가됐다. 한편 외부 기관에서 대학 재정을 평가하는 주요 지표인 등록금 대비 교육비 지급률, 등록금 대비 장학금 지급률, 그리고 세입 중 등록금 비율의 변동을 분석한 결과에서는 모든 지표가 크게 개선되어 중앙일보 대학평가에서 순위가 급격히 상승했다.

셋째, 반값등록금 시행의 사회적 성과는 무엇보다 중요하다. 서울시립대 반값등록금 시행이 협의의 관점으로 보면, 서울시가 운영하는 한 대학의 등록금 가격을 낮추는 정책에 불과하다. 하지만 교육과 복지의 목적에 걸맞은 안정적이고 지속적인 정책 지원을 위해서는 서울시립대 학생뿐만 아니라 서울 시민과 잠재적 정책 대상자에 해당하는 대학생 등 청년의 의견을 청취해야 한다. 따라서 서울 시민을 대상으로 한 여론 조사(3,024명)와 빅데이터 분석을 통해 반값등록금 관련 인식과 여론 동향에 대한 사회적 성과를 파악했다. 조사 결과 서울시립대 반값등록금에 대해 긍정적으로 인식하는 시민(응답자 78.5퍼센트)이 많았고, 그 이유는 '가계 부담 완화'와 '학생의 다양한 학습 기회 획득'인 것으로 조사됐다. 또한 서울시립대의 반값등록금 정책이 전국적으로 확대되는 것을 찬성하는 시민이 응답자의 78퍼센트나 되었고, 그중 58퍼센트가 반값등록금 정책 확대를 위해 세금을 추가적으로 납부할 의향이 있다고 밝혔다. 빅데이터 분석 결과 반값등록금 문제는 뉴스의 의제 설정 기능에 크게 구애받지 않고 시민이 자발적으로 생산하는 양상을 보인다. 반값등록금에 대한 정책 수혜자가 단순히 학생 본인만이 아니며 그 가족도 될 수 있기 때문에, 사회적 형평성을 바라는 시민의 자구적 노력이 이러한 현상을 견인한 것으로 판단된다. 시민들은 반값등록금을 혁신적 정책 중 하나로 받아들이고 있다. 일반적으로 '정책적 혁신'이라고 하면 낡은 구습을 타파하거나 신기술 도입 같은 것을 의미한다. 그러나 최근 정책이나 복지에 대한 사회적 인식도 달라지고 있으며, 반값등록금 역시 이러한 정책적 성격을 분명히 하고 있다.

청년문제를 포괄적으로 고려한 정책이 필요한 시대

보조금을 지원하여 등록금 혜택을 주는 것에 대해서는 오랫동안 논쟁이 되었다. 밀턴 프리드먼(Milton Friedman)은 대학을 못 간 하위계층의 노동자가 내는 세금으로 중산층 이상의 대학생에게 등록금을 보조하는 것은 소득 역진적이라고 언급했다. 또한 대학 진학을 선택하는 것은 향후 더 좋은 직업과 더 많은 소득을 갖기 위한 투자 행위로 이는 수익자부담원칙에 따라 개인이 부담해야 한다고 덧붙였다. 그렇기 때문에 만약 개인이 등록금 부담을 하지 않는다면, 초과수요를 발생시켜 국가의 재정 투입이 지속적으로 늘어난다고 지적했다.

하지만 최근 우리나라의 사회·경제적 상황을 고려한다면 청년과 대학생을 위한 지원은 불가피하다. 부모들이 소를 팔아 등록금을 낸다는 말이 있을 정도로 대학 등록금은 가계경제에 부담이 되었다. 하지만 최근 들어 대학 등록금이 유독 부담스럽게 받아들여지는 이유 중 하나는 대학이 더 좋은 직장, 더 나은 소득을 이제는 보장하지 못하기 때문이다.

2016년 우리나라 청년 실업률은 9.8퍼센트로 약 37만 명의 청년이 실업자이다. 비싼 등록금을 내고 학자금 대출을 받아서 대학을 졸업하고도 취업을 못해 고스란히 빚으로 사회에 첫발을 내딛게 된다. 그렇다고 대학 진학을 포기할 수도 없다. 노동시장 이중화가 고착화되는 상황에서 고등학교 졸업자는 외부 노동시장에 머물 수밖에 없다. 그런 의미에서 등록금 지원은 저소득층의 기회균등 차원에서도 중요하다. 서울시립대 학생들 중 상대적으로 소득수준이 낮은 학생들이 반값등록금에 대한 만족도도 높았고, 반값등록금은 그들의 대학 생활에도 더 큰 영향을 미쳤다.

서울시는 청년을 위한 정책을 선도적으로 추진하고 있다. 그 첫 번째가 반값등록금이고, 두 번째가 미취업 청년의 구직 활동을 지원하기 위한 청년수당이다. 이에 더해 박원순 시장은 등록금 때문에 본래 목적인 학습을 제대로 못하고 아르바이트에 매달려야 하는 청년의 고통을 덜어 주기 위해 전액 등록금 지원을 제안하기도 했다. 이제 대학 등록금 지원 정책을 넘어 현재를 살아가는 청년이 겪는 문제를 포괄적으로 고려한 정책이 필요하다. 이런 실효성 있는 반값등록금 정책은 현재 서울시립대에서만 시행되고 있기 때문에 사회문제를 잠재울 만큼 영향력이 크진 않다. 하지만 이 정책은 청년들에게 기회를 제공한다는 면에서 사회적 의미가 매우 크고 앞으로도 그 영향력은 커질 것이다.

7

공공임대주택과 주거비 보조

공공임대주택

2015년 말 기준 서울의 공공임대주택은 총 24만 6,098호이다. 공공임대주택은 건설형이 절반 정도를 차지하고, 서울시 · SH공사가 전체 재고의 70.9퍼센트를 공급했다. 공공임대주택 유형별로는 재개발 · 주거환경임대주택이 5만 9,665호로 가장 많고, 영구임대주택(4만 7,818호), 기존주택 전세임대(3만 5,883호), 장기전세주택(2만 8,633호), 국민임대주택(2만 4,663호) 등이 뒤를 따르고 있다. 하지만 기존주택 전세임대는 엄밀히 말하면 공공임대주택이 아니라 주거비 보조의 성격이 강하다. 서울시는 2020년

표 3-10 서울 공공주택 재고 현황(2015년 말 기준)

(단위 : 호, 퍼센트)

<table>
<tr><th colspan="2" rowspan="2">공급유형</th><th colspan="2">공급 주체별 재고</th><th colspan="2" rowspan="2">전체 재고</th></tr>
<tr><th>서울시·SH공사</th><th>LH공사</th></tr>
<tr><td rowspan="6">건설형</td><td>영구임대주택</td><td>22,672</td><td>25,146</td><td>47,818</td><td rowspan="6">122,570
(49.8)</td></tr>
<tr><td>공공임대주택(50년/10년)</td><td>17,432</td><td>5,024</td><td>22,456</td></tr>
<tr><td>국민임대주택</td><td>22,755</td><td>1,908</td><td>24,663</td></tr>
<tr><td>장기전세주택</td><td>25,929</td><td>620</td><td>26,549</td></tr>
<tr><td>행복주택</td><td>807</td><td>40</td><td>847</td></tr>
<tr><td>기 타</td><td>237</td><td>–</td><td>237</td></tr>
<tr><td rowspan="4">매입형</td><td>재개발·주거환경임대주택</td><td>59,587</td><td>78</td><td>59,665</td><td rowspan="4">82,477
(33.5)</td></tr>
<tr><td>장기전세주택</td><td>2,084</td><td>–</td><td>2,084</td></tr>
<tr><td>기존주택 매입임대</td><td>9,946</td><td>10,759</td><td>20,705</td></tr>
<tr><td>기 타</td><td>23</td><td>–</td><td>23</td></tr>
<tr><td rowspan="2">임차형</td><td>기존주택 전세임대</td><td>7,759</td><td>28,124</td><td>35,883</td><td rowspan="2">41,051
(16.7)</td></tr>
<tr><td>장기안심주택</td><td>5,168</td><td>–</td><td>5,168</td></tr>
<tr><td colspan="2">합 계</td><td>174,399
(70.9)</td><td>71,699
(29.1)</td><td colspan="2">246,098
(100.0)</td></tr>
</table>

주 : 기타는 외국인임대(184호), 온수연립(15호), 두레주택(8호), 협동조합형 공공주택(가양동·만리동, 53호)을 포함

자료 : 서울시, 2016, 내부자료

까지 공공임대주택 재고량을 전체 주택재고의 10퍼센트까지 끌어올릴 계획이다.

영구임대주택

영구임대주택은 도시의 영세민을 대상으로 공급되었고, 주택규모는 전용면적 23~45제곱미터의 소형 임대주택이다. 영구임대주택은 정부에서 사업비의 85퍼센트를 재정에서 지원하고 입주자가 15퍼센트를 부담하는 구조이다. 현재 영구임대주택은 주로 빈곤층을 대상으로 하기 때문에 임대료는 부담능력을 고려하여 시장가의 30퍼센트 이하 수준에서 정해지고 있다. 입주자격은 국민기초생활보장 수급자 등 사회취약계층에게 우선순위가 있다. 경우에 따라서는 후순위로 전년도 도시근로자 월평균소득의 50퍼센트 이하인 무주택가구도 입주가 가능하다. 기본적으로 2년마다 재계약을 통해 계속거주 여부를 결정하는데 일반적으로 국민기초생활보장 수급자는 계속해서 거주가 가능하다. 국민기초생활보장 수급자에서 탈락하더라도 재계약 시 30퍼센트 인상된 임대료를 내면 계속 거주할 수 있다.

서울시와 SH공사는 영구임대주택에 거주하는 빈곤층을 위해 단지 내 상가를 임대하여 그 수익금으로 거주자의 관리비를 경감시켜 주고 있다. 이외에도 입주자의 취업기회를 확대하기 위해 단지 내 공해를 배출하지 않는 아파트형 공장, 부녀자의 부업 등을 위한 공동 작업장, 기타 취업정보센터를 설치하여 소득 증대를 도모한다. 최근에는 입주민의 소외문제를 해결하기 위해 주변 주택단지 주민과의 화합 노력이 이루어질 수 있도록 하고 있다.

50년 공공임대주택

서울시는 1989년부터 주택재개발사업 추진 시에 세입자용 임대주택을 건립하여 50년 공공임대주택으로 활용해 왔다. 주택재개발사업은 주로 전면철거 방식으로 추진되었는데, 그 과정에서 거주하고 있던 세입자의 주거안정이 위협을 받았다. 재개발임대주택은 철거세입자의 주거안정을 위한 임대주택을 확보하는 데 목적이 있으며, 개발이익환수의 성격도 지니고 있다. 서울시는 주택재개발사업 구역별로 일정 비율 이상의 주택을 세입자용 임대주택으로 건설하도록 했다. 재개발임대주택 제도로 서울시의 공공임대주택 재고 비율은 다른 시·도에 비해 높은 수준을 유지하고 있다.

재개발임대주택 프로그램은 재개발조합이 세입자용 임대주택을 건립하도록 한 뒤 서울시가 이를 매입하여 세입자에게 임대하거나, 재개발구역 내 공유지 등에 서울시가 직접 세입자용 임대주택을 건립하여 세입자에게 임대하는 방식으로 추진되었다. 초기에는 서울시 내부의 행정지침으로 운영됐으나, 2005년부터는 재개발사업을 통한 임대주택 공급은 서울에만 국한되지 않고 전국적으로 확대 적용되었다. 이때부터 재개발임대주택에도 국가의 재정이 지원되면서 프로그램의 목적이 철거세입자의 주거안정에서 저소득층의 주거안정으로 확대되었다.

재개발임대주택은 철거세입자를 대상으로 하고, 소득기준이 적용되지 않는다는 점에서 일반 공공임대주택과 다르다. 2003년부터 서울시는 재개발임대주택의 공가 발생 시 영구임대주택 대기자나 50년 공공임대주택 입주자격자, 청약저축가입자 등을 입주시키고 있다. 현재 서울시는 재개발사업 시 전체 가구 수의 17퍼센트를 임대주택으로 건설하도록 하고 있다.

국민임대주택

정부는 2002년 4월 국민임대주택 50만 호 건설계획을 수립하고 같은 해 5월 100만 호로 변경했다. 2003년 9월에는 국민임대주택 100만 호를 포함한 장기공공임대주택 150만 호를 건설하겠다는 계획을 최종적으로 발표했다. 당시 국민임대주택의 사업비부담은 국가재정 30퍼센트, 국민주택기금 40퍼센트, 입주자 20퍼센트, 사업주체(지방정부 및 주택공사) 10퍼센트로 계획되었다.

국민임대주택은 영구임대주택보다 더 높은 소득계층을 입주대상으로 한다. 즉 소득 10분위 가운데 1~2분위를 대상으로 하는 영구임대주택과 달리 국민임대주택은 4분위 이하의 저소득층을 입주대상으로 확대했다. 입주자격은 전년도 도시근로자 가구당 월평균소득의 70퍼센트 이하인 무주택가구이며, 50퍼센트 이하인 가구에게 우선공급되었다.

프로그램 도입 당시에 임대의무기간은 10년형(전용면적 60제곱미터 이하)과 20년형(전용면적 50제곱미터 이하)으로 구분되어 있었다. 그러나 2003년 임대의무기간을 30년으로 통일하면서 장기공공임대주택으로 명칭을 바꿨다. 그리고 입주자의 소득수준에 따라 적정규모의 주택에 입주할 수 있도록 국민임대주택의 대상계층, 평형, 재정부담비율을 다양화했으며, 이에 따라 임대료 수준도 차등화했다. 국민임대주택은 전용면적 60제곱미터 이하로 공급되고 있는데 임대료는 시장임대료의 50~80퍼센트 수준이다.

기존주택 매입임대

기존주택 매입임대는 저소득·빈곤층이 본래 생활권에서 현재의 수입으로 거주할 수 있도록 기존의 주택을 매입하여 저렴하게 임대하는 프로그램이다. 이 프로그램의 특징은 기존 시가지에 위치한 주택을 매입하여 공급함으로써 소규모 분산공급이 가능하고, 대규모 아파트단지로 조성된 기존 공공임대주택이 가지고 있던 사회적 격리현상을 방지할 수 있다. 2001년 서울시는 10만 호의 공공임대주택 건설계획을 발표하고, 공공임대주택 재고를 확보하기 위한 방법의 하나로 기존주택 매입임대 프로그램을 2002년부터 시작했다. 서울시의 매입임대 프로그램의 목표는 공공임대주택의 공급물량 확대를 통해 임대료를 안정시키고, 노후화된 다가구주택의 개량을 통해 공공임대주택 재고를 확대하는 것이다. 서울시는 SH공사를 통해 자체 예산으로 이 프로그램을 시행했으나, 주택 매입재원의 부족과 관리의 어려움 등을 이유로 2년 만에 시범사업 단계에서 중단했다. 이후 2007년부터 서울시는 기존주택 매입임대 공급 정책을 다시 시행하고 있다. 매입임대주택 공급을 위한 재원은 국가재정에서 45퍼센트, 국민주택기금에서 50퍼센트, 사업자가 5퍼센트 부담한다.

매입임대주택은 최초 입주 후 2년부터 재계약을 통해 계속 거주할 수 있는데, 4회까지 재계약이 가능하여 최대 10년까지 거주할 수 있다. 서울시가 공급하는 매입임대주택 유형은 다가구주택 매입임대, 원룸형주택 매입임대, 희망하우징이 있다. 다가구주택 매입임대는 서울시에 거주하는 무주택가구를 대상으로 하며, 입주자격 1순위는 국민기초생활보장 수급자나 한부모가족이며, 2순위는 가구소득이 도시근로자 월평균소득의 절반 이하인 가구이다. 원룸형주택 매입임대는 서울시에 거주하는 무주택 1인 가구를 대상으로 하며, 입주자격 1순위는 가구소득이 도시근로자 가구당 월평균소득의 절반 이하인 가구이며, 2순위는 가구소득이 도시근로자 가구당 월평균소득의 70퍼센트 이하인 가구이다. 희망하우징은 매입한 주택을 대학생에게 저렴하게 공급하는 공공임대주택으로 입주자격을 유지하는 경우 최장 4년까지 거주가 가능하다. 입주자격은 국민기초생활보장 수급자 및 자녀, 소득 하위 2분위 미만에 해당하는 차상위계층의 자녀, 가구소득이 도시근로자 가구당 월평균소득의 절반 이하인 가구의 자녀 등이다.

주거급여와 주택바우처

주거급여

주거급여는 임차가구에 임차급여를 통해 월임대료를 보조하고, 자가가구에는 수선유지급여를 지급하여 주택개량이나 보수를 지원하는 것을 말한다. 임차급여는 수급자의 가구규모, 거주형태, 소득인정액, 부담 수준, 지역여건 등을 감안하여 임대료를 보조하는 것이다. 수선유지급여는 수급자의 가구규모, 소득인정액, 수선유지비 소요액, 주택노후도에 따라 맞춤형 주택개보수를 지원하는 것이다.

주거급여 지원대상은 소득인정액과 부양의무자 기준을 적용하여 결정된다. 소득인정액이 기준 중위소득의 43퍼센트 이하이면서, 동시에 부양의무자 기준을 충족하는 가구는 신청이 가능하다(「주거급여법」 第5조). 소

표 3-11 주거급여 지원 실적

(단위 : 가구, 억 원, 천 원)

구 분	2015년 6월 국민기초생활보장 수급가구	2015년 12월 주거급여 수급가구	2016년 9월		
			주거급여 수급가구	연 간 지원금액	가구당 월평균 지원금액
서울시	114,651	132,169	137,261	191.5	139.5
전국	685,809	721,254	732,371	813.8	111.1

자료 : 서울시, 2016, 내부자료

득인정액은 소득평가액과 재산의 소득환산액을 합하여 계산하며, 소득평가액은 실제소득에서 가구특성별 지출비용과 근로소득공제 비용을 제외하고 산정한다. 또한 재산의 소득환산액은 일반·금융재산의 종류별 가액에서 기본재산액과 부채를 공제하고, 승용차 재산가액을 합산하여 재산종류별 소득환산율을 적용하여 산정한다. 부양의무자의 범위는 수급권자와 1촌의 직계혈족 및 그 배우자로 하며, 부양의무자의 부양능력을 판정하여 신청자의 수급 여부를 결정한다.

2016년 9월 기준 주거급여 수급가구는 13만 7,300가구이며, 가구당 월평균 13만 9,500원을 지원받고 있다. 주거급여 수급가구는 주거급여가 도입되기 직전인 2015년 6월 국민기초생활보장 수급가구보다 19.7퍼센트가 증가했다.

서울형 주택바우처

2002년 서울시는 '주택기금'을 설치하여 (보증부) 월세가구를 대상으로 월임대료 보조제도를 시행하기 시작했다. 월임대료 보조제도는 서울시 자체 예산을 투입하여 월세주택에 거주하는 저소득가구의 주거비 부담을 덜어주기 위해 시행한 주거비 보조제도이다. 당시에는 사회보장정책의 일환으로 제도가 시행되었다.

이후 월임대료 보조제도는 세 차례에 걸쳐 개정되어 현재 서울형 주택바우처로 운영되고 있다. 2010년 서울시는 주택정책 성격을 강화하면서 일반바우처, 특정바우처, 임시주거바우처(쿠폰바우처)로 구분하여 시행했다. 일반바우처는 사회취약계층을 대상으로 하여 사회보장정책의 성격이 짙었던 기존의 월임대료 보조제도를 명칭만 변경한 것이다. 특정바우처와 임시주거바우처는 주거위기에 처한 주거취약계층을 보호·지원하는 방식으로 운영되었다. 그러나 특정바우처와 입시주거바우처는 철거세입자에 대한 지원 강화, 긴급복지·주거지원 마련, 까다로운 선정요건 등으로 인해 유명무실해졌다.

주거급여 개편에 따라 2016년부터 일반바우처는 민간 (보증부)월세주택 임차가구 가운데 소득인정액이 기준 중위소득의 60퍼센트 이하인 가구에 임대료를 지원하는 것으로 개선됐다. 그리고 특정바우처는 주거약자인 쪽방이나 사회복지·보장시설에서 퇴거하여 민간임대주택으로 이주한 가구에게 임대료를 지원하는 사업으로 변경됐다.

가구별 지원금액은 「서울특별시 사회복지기금조례 시행규칙」 제12조에 의하여 세대원 수에 따라 매월 정액으로 지급된다. 이에 따라 1인 가구는 5만 원, 2인 가구는 5만 5,000원, 3인 가구는 6만 원, 4인 가구는 6만

표 3-12 주거급여와 서울형 주택바우처 비교

구 분	주거급여	서울형 주택바우처
시행 시기	2015년 7월	2002년 3월
목적	국민기초생활보장 수급가구의 주거안정	저소득 임차가구의 주거안정
대상	기준 중위소득의 43퍼센트 이하 가구 : 1인 698.7천 원, 3인 1,539.0천 원	기준 중위소득의 60퍼센트 이하 가구 : 1인 974.9천 원, 3인 2,147.4천 원
지원 방식	임대료 보조, 수선유지 지원	임대료 보조
임대료 지원금액	1인 최대 19.5만 원, 2인 최대 22.5만 원, 3인 최대 26.6만 원, 4인 최대 30.7만 원	1인 5.0만 원, 2인 5.5만 원, 3인 6.0만 원, 4인 6.5만 원
조사 범위	국민기초생활보장 수급보장가구 부양의무자 조사 실시	주민등록 실거주가구 부양의무자 조사 미실시
주택 유형	임차가구 : 임차급여(현금) 자가가구 : 수선유지급여(현물)	주택 거주가구 : 공공임대주택, 준주택, 비주택 등은 제외
2016년 예산	2784억 원	72.2억 원
재원	국비 60퍼센트, 시비 28퍼센트, 구비 12퍼센트	시비 100퍼센트

자료 : 서울시, 2016, 내부자료

5,000원, 5인 가구는 7만 원, 6인 이상의 가구는 7만 5,000원을 지원받고 있다. 서울시는 2008년 이전에만 하더라도 1~2인 가구에 3만 3,000원, 3~4인 가구에 4만 2,000원, 5인 이상 가구에 5만 5,000원을 지원했으나, 가구규모별로 세분화하여 현재와 같이 지원하고 있다.

표 3-13 월임대료 보조 및 서울형 주택바우처 지원 현황

(단위 : 가구, 백만 원)

구분	2011년 이전	2011년 이전 (연평균)	2012년	2013년	2014년	2015년
지원세대수	28,887	2,889	7,685	10,094	10,777	10,176
보조금 총액	14,381	1,438	3,299	5,562	6,398	6,600

자료 : 서울시, 2015, 내부자료

서울형 주택바우처의 재원은 「서울특별시 사회복지기금조례」에 근거하여 사회복지기금의 '주거지원계정' 조성액으로 지원된다. 기금의 범위 내에서 매년 소요예산액을 책정하고, 그 예산에서 지원가구의 규모를 책정한다. 2010년부터 서울형 주택바우처로 지원되기 시작한 서울시 주거비 보조제도는 점차 지원세대수와 보조금 총액이 확대되었다. 특히 2013년부터 지원대상가구가 최저생계비의 120퍼센트 이하에서 150퍼센트 이하로 확대되면서 지원세대수와 보조금 총액이 증가하고 있다.

8

사회적경제 활성화

우리나라의 사회적경제 개념과 등장 배경

칼 폴라니(Karl Polanyi)는 사회적경제를 "상호 배려 정신에 입각한 호혜성의 원리, 나눔을 원칙으로 재분배의 원리가 작동하는 경제"라고 말하면서 세 가지 요소를 강조했다. 구성원 또는 공공의 이익을 위하는 사회적 목적을 지니며, 자본에 의해 이윤이 배분되는 것을 제한하고 사람을 중심에 두는 의사결정을 선호하며, 민간이 주도하면서 자율성을 지니고 있는가 하는 점이다.

사회적경제에 포함되는 조직으로는 사회적기업, 협동조합, 마을기업,

자활기업, 소셜벤처, 서울형 공유기업과 이들을 지원하는 중간지원조직 등 매우 다양하다.

우리나라에서 사회적경제가 주목받게 된 데는 여러 요인이 있다. 우선 글로벌 시장경제가 확장되면서 지역경제와 내수 활성화에 기여하는 시민 생활경제가 위기를 맞았다. 아울러 그로 인해 시민 생활경제의 중요성을 재인식하게 된 것이다. 기존 산업의 일자리 창출력은 급감하면서 이와는 반대로 새로운 노동 수요 창출이 요구되었다. 또한 고령화 등으로 증가된 사회서비스 수요에 대응할 지역공동체 재건과 사회적 자본의 증식·연계 필요성 등이 제기되었다.

1996년 극빈층의 빈곤 탈출을 위한 자활공동체 지원(보건복지부)을 시작으로, 2007년 사회적기업 육성법 제정(고용노동부), 2011년 마을기업 육성사업 실시(행정자치부), 2012년 협동조합 기본법 시행(기획재정부) 등 사회적경제 활성화를 위한 제도적 환경이 마련되었다. 또한 서울을 포함한 전국 지방자치단체에서 지역순환경제를 실현시킬 사회적경제 육성 정책이 추진되었다.

우리나라 사회적경제는 최근 몇 년 사이 놀라운 성장세를 보이면서 국제사회의 주목을 받고 있다. 2007년 말 인증 사회적기업이 55개에 불과했지만 2015년 말에는 1만 1,421개(인증 사회적기업 1,506개, 협동조합 8,551개, 마을기업 1,364개)에 달했다. 사회적경제에 대한 정책적 지원이 시작된 지 10년이 채 되지 않은 기간 동안 200배가 넘는 양적 성장을 보인 셈이다. 이 중 서울시의 사회적경제기업이 23.2퍼센트를 차지하며 발전을 주도하고 있다.

서울시 사회적경제 활성화 정책의 특징

2011년 10월 박원순 서울시장의 취임 이후 '지속가능한 생태계 조성을 위한 사회적경제 종합지원계획'이 수립되었다. 정책 목표를 사회적경제를 통한 서울 시민의 생활문제 해결과 경제민주주의 확장으로 설정하고 협동경제 기반 확충, 사회적경제 지역화, 지속 가능한 생태계 조성, 굿 거버넌스 정착 등을 주요 전략으로 수립했다. 서울시 사회적경제의 특징은 사회적경제 정책의 수립부터 집행에 이르는 전 과정이 '서울시 사회적경제정책협의회'라는 민관 협치를 통해 구현된다는 점이다. 그리고 사회적경제의 '자산 기반 발전'을 강조하며, 인력 양성과 연구, 사업 서비스(경영 지원), 사회 금융과 기금 조성, 시장 형성의 네 분야를 서울시 사회적경제 발전을 위한 공유재로 육성한다는 전략을 추진하는 점도 큰 특징이다.

2016년 7월 말 기준 서울시 사회적경제기업은 3,318개소로 2011년 718개소에서 5년 사이에 4배 이상 늘었다. 이 중 78퍼센트가 신생 기업이며, 2012년 말 제정된 협동조합기본법에 의한 신생 조합이 2,200여 개로, 강남·서초 지역 중장년 남성 퇴직자와 다양한 직업군의 사업자가 참여하고 있다. 사회적경제 창업체 수는 지난 3년간 설립된 서울시 신설법인의 2.7퍼센트에 해당한다.*

반면 서울시 사회적경제 조직의 실가동률은 평균 64퍼센트(1,960여 개소)에 불과하다. 창업 이후 5년간 기업의 생존율을 보면, 사회적기업과

* 중소기업청(2016년 5월).

자활기업의 유지율은 각각 90.0퍼센트* 와 91.0퍼센트** 로 높고, 커뮤니티 관계망이 취약한 대도시라는 특성 때문에 마을기업의 유지율은 69퍼센트,*** 신생 협동조합 가동률은 최대 53.9퍼센트****에서 최소 44.4퍼센트***** 정도이다. 일반기업의 생존율이 1년 후 24.5퍼센트, 2년 후 19.8퍼센트, 5년 이상 유지율이 11.2퍼센트에 불과한****** 것에 비해 기업 간의 협업이 활발한 사회적경제기업의 유지율은 꽤 높은 편이다. 그러나 향후 신규 창업 지원에 치우치기보다 휴·폐업 기업의 실가동률을 높이는 환경을 조성하기 위해 노력해야 한다.

서울의 사회적경제기업이 만들어 낸 핵심적인 경제적 가치를 매출과 고용 측면에서 본다면 연매출 약 1조 4600억 원(기업 당 매출 7억 4500만 원), 고용 약 1만 7,900명(기업 당 고용 9.1명)이다.

고용의 양뿐만 아니라 고용의 질을 함께 분석한 결과, 2014년도 사회적기업의 임금수준은 서울 도시근로자 평균급여(월 235만 원)의 65퍼센트 수준이다. 취약계층의 경우에는 이전소득이나 동종 업종 영리기업급여와 대비해 120퍼센트가 향상되었다. 사회보험 가입률에서도 산재보험을 포함한 4대 보험에 고루 가입되어 있어 우수한 근로조건을 보이고 있다.

한국노동연구원(2015)이 발표한 사회적경제 근로자의 고용에 대한 만족도 조사 결과에서는 임금과 사회보험 등의 근로조건 외에 자율과 권한, 민주적 운영과 협력 문화, 공정성 지표 등에서 높은 만족도를 보이는 것

---

* 고용부·한국노동연구원, 사회적기업과 협동조합 고용영향 평가연구(2015년 12월) : 설립 수 대비 휴폐업 기업 포함.

** 서울광역자활센터, 자활기업 현황, 2015.

*** 안행부·서울시사회적경제지원센터, 마을기업 전수조사 결과, 2016.

**** 기재부·보건사회연구원, 제2차 협동조합 실태조사, (2016년 1월).

***** 서울지역협동조합협의회, 2016 협동화사업 성과 보고 사업운영율 인용, 2016.

****** 중소기업청(2016년 5월).

으로 나타났다.

서울시 사회적경제기업을 위한 생태계 조성 성과

서울시는 중앙정부가 창업으로만 한정하고 있는 기업의 지원사업을 기업의 성장 단계별로 다양하게 개발하여 전국으로 확산시켰다. 아울러 자본시장 조성을 위해 500억 원을 출연하여 서울시 사회투자기금을 마련하고 지난 3년간 신용융자로 330억 원을 대출했다. 지원 전후를 비교하면 총매출 129퍼센트, 고용창출 157퍼센트 증대 효과를 보이고 있다.

서울시는 7조 원대에 달하는 공공조달의 사회적 책임성을 높이기 위해 「서울시 사회적경제 기본 조례」 제정(2014년 5월), 「서울시 사회적 가치 증대를 위한 공공조달에 관한 조례」 제정(2014년 5월) 등의 제도 환경을 개선하고 2015년 사회적경제에 대한 공공조달을 800억 원대로 성장시켰다.

2013년 서울시 사회적경제 인재육성협의체를 구성하여 인재육성 로드맵을 수립하고, 매년 1,000명 이상의 시민경영교육을 추진하고 있다. 청소년 학교 협동조합이 10개소 설립된 데 이어 매년 고용부의 사회적기업 육성사업과 연계한 청년 기업이 100개 팀 정도 육성되고, 서울 시민을 대상으로 사회적경제 아이디어 대회(위키서울)를 개최하여 4년간 166개 사업이 실행되었다.

2015년 기준 서울 사회적경제기업의 시민 참여도는 출자자 79만 2,000여 명, 총 출자금 1650여억 원, 자원봉사자 8,900여 명에 달하여 많은 시

그림 3-5 서울시 사회적경제 생애주기별 지원사업

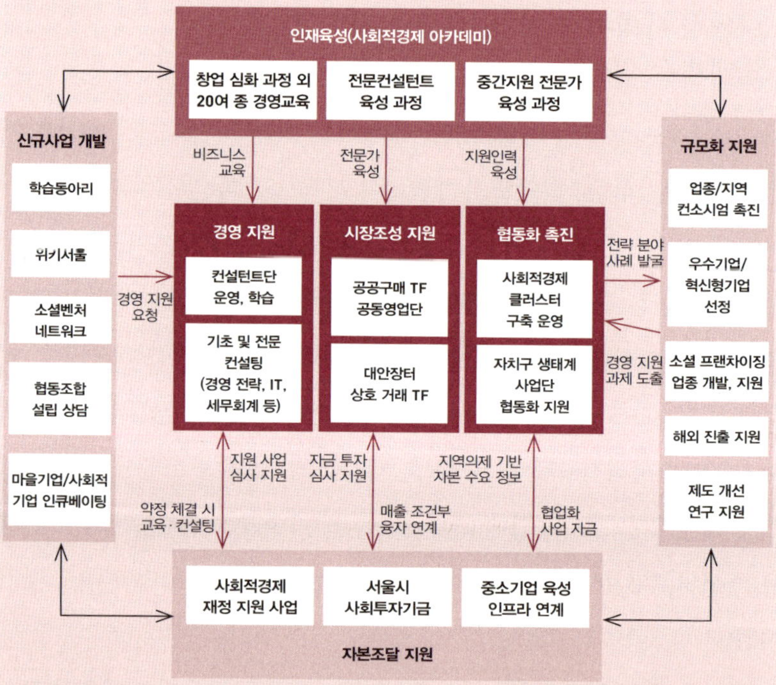

민들이 커뮤니티 문제 해결에 직접 참여하고 있다.

개별화된 사회적경제기업의 협동경제 기반 조성을 위해 스페인 몬드라곤 협동조합 복합체처럼 연대 기반을 조성하도록 촉진한 바, 920여 개 기업이 각종 협동 네트워크(부문 협의체 456개소, 업종·의제 협의체 120개소, 공동사업 228개소, 자조기금 120개소)에 참여하고 있으며, 20개의 협동공간이 조성되고, 44억 5000만 원의 자조기금이 조성되었다. 공정무역, 공정여행, 노동자 협동조합, 윤리적 패션, 사회주택 등 10개의 업종 협의체가 형성되어 사업적 연대를 추진 중이다.

서울시 25개 자치구에는 20개의 사회적경제 네트워크와 17개의 자치구 사회적경제 지원조직이 운영 중이다. 서울시가 2012년부터 자치구의 환경 격차를 해소하며 지역별 의제 발굴과 지역 자원이 결합된 사회적경제를 발전시키기 위해 '자치구 생태계 조성사업'을 지원한 결과이다.

대표적인 사례로는 성북구의 재개발 해제지역에서 노후화된 주택과 복리시설 부족 문제를 주민 참여로 해결하며, 공동의 주거 관리는 물론 주차장 관리, 아동과 노인 돌봄서비스 등을 종합적으로 제공하고 지역 주민의 고용을 창출할 수 있는 주민 참여 지역 관리 회사 설립을 추진한 사례를 들 수 있다.

또한 2013년 서울시와 서울시 사회적경제센터에서는 사회적경제 정책을 통한 지역문제 해결에 동의하는 세계 주요 도시정부와 현장 네트워크 조직 간 국제적 교류의 장을 제안했다. 2013년 11월 시작된 국제사회적경제포럼(GSEF)은 2016년 9월 몬트리올에서 열린 2차 총회에 62개국 330개 도시에서 1,800여 명의 지방자치단체 관계자, 사회적경제 관계자, 일반 시민이 참석했다.

사회적경제가 주류 시장경제에서 영향력을 나타내려면

5년간의 노력에도 불구하고 서울에서 사회적경제가 지향하는 '내발적·

민주적 경제발전 원리'가 주류 시장경제에 영향력을 가시화하기에는 미약하다. 아직은 초기 정착기여서 현재의 생태계 조성 정책을 지속 추진하는 한편 몇 가지 정책을 보완해야 한다.

먼저 '내부자원과 사업 역량'을 축적한 선배격인 사회적경제를 주축으로 다양한 업종 간의 기업들이 모여 연합체를 구성하고 자원 공유와 협업을 더욱 활성화하는 전략이 강화되어야 한다. 또한 사회적경제 조직이 수익금의 여수신과 상호부조 보험업 등을 운영하는 사회적경제 공제조합을 설립할 수 있도록 사회적경제 기본법 및 조례를 제·개정하는 작업이 필요하다.

또한 중앙정부에서 사회적경제 조직별(자활기업·사회적기업·협동조합·마을기업)로 다른 지원 제도를 운영하고 있어 행정 칸막이가 심각한데 이를 위한 정책적 보완이 필요하다. 사회적경제 미션별로 의제의 시급성, 자본 조성 방식, 소비자의 지불능력, 사회적 지지망, 시장 형성도 등이 상이하므로 이를 고려한 맞춤형 지원 정책 설계도 필요하다. 서울시가 선도적으로 부처 간 칸막이를 깨는 통합적 지원 제도를 설계하고 조직 유형 간의 이행 경로를 새롭게 제시할 필요가 있는 것이다.

2012년에는 서울시 사회적경제 지원 예산의 30퍼센트까지를 자산 조성비로 전환하자는 민관 협의체의 공감대가 있었다. 하지만 자치구에서 공공부지를 제공하는 것을 전제로 하는 협동화 단지 조성사업은 11개소 이상으로는 확대되지 못했다. 서울의 젠트리피케이션 문제가 심각해짐에 따라 향후에는 영국의 로컬리티 등에서 추진하는 것과 같이 사회적경제에 대한 유휴자산 실비 매각, 위탁 운용을 등을 통한 다양한 대응책도 모색되어야 한다.

9

소상공인 성장 지원

골목상권과 소상공인은 서울 경제의 사각지대*

'위기의 자영업', '벼랑 끝에 몰린 소상공인' 등의 기사를 자주 접할 정도로 자영업과 소상공인 문제는 우리나라 경제와 서울의 경제에서 항상 핵심 의제로 제기되어 왔다. 자본주의가 심화되는 상황에서 자영업자나 소상공인은 사회적 약자로 경제 사각지대에 방치될 수밖에 없기 때문이다.

자영업자나 소상공인이 방치될 경우 서민경제의 어려움이 가중되고,

* 이 글은 2018년 나남에서 출판된 『서울의 공간경제학』(강우원 등저, 김범식·남기범 엮음) 일부 내용을 수정 보완한 것임.

표 3-14 소상공인의 창업 동기 변화 추이

(단위 : 퍼센트)

구분	2007년	2010년	2013년
생계형	79.2	80.2	82.6
사업형	16.3	17.2	14.3
가업 승계	2.1	1.6	1.3
기타	2.4	1.1	1.8

자료 : 중소기업청 · 소상공인진흥원, 2013, 2013년 전국 소상공인 실태조사

서울 경제의 지속가능성도 담보되기 어렵다. 자영업이나 소상공인은 대부분 생계형 창업으로 서민의 생활과 직결되어 있다. 2013년 소상공인의 창업 동기를 보면, 다른 대안이 없어서 창업하는 생계형 창업이 82.6퍼센트로 대부분이다. 특히 2007년 이후 생계형 창업은 지속적으로 증가하는 반면 사업형과 가업 승계는 감소하는 추세이다. 대형마트와 SSM의 공격적인 골목상권 진출에 따른 외부 환경의 변화로 자영업자의 어려움도 가중되고 있다.

서울의 자영업 사업체 수는 2010년 54만 4,440개에서 2014년 56만 2,979개로 연평균 0.8퍼센트 증가했다. 서울의 소상공인 사업체 수도 2010년 61만 2,555개에서 2014년 66만 8,091개로 연평균 2.2퍼센트 증가했다. 2014년 기준으로 서울의 자영업 사업체와 소상공인 사업체가 서울시 전체 사업체 수에서 차지하는 비중은 각각 69.3퍼센트, 82.2퍼센트

로 매우 높은 수준이다. 그러나 자영업이나 소상공인의 매출액 수준은 서울시 전 산업 평균과 비교할 때 매우 낮은 실정이다. 2014년 자영업의 사업체당 매출액은 1억 3675만 원으로 서울시 전 산업 평균의 12.0퍼센트에 불과하고, 소상공인의 사업체당 매출액도 2억 7859만 원으로 서울시 전 산업 평균의 24.5퍼센트 수준에 그치고 있다.

이처럼 자영업자나 소상공인이 서울 경제에서 차지하는 위상과 의미는 크지만, 매출이 부진하고 경쟁도 치열해지면서 경영환경 위험에 노출되기 쉽다. 자영업자나 소상공인은 특별한 기술이나 준비 없이 소규모 자본으로 쉽게 창업할 수 있기 때문에 창업과 폐업을 반복하는 '다산다사(多産多死)' 구조에 빠져 있다. 이러한 사실은 서울 경제가 지속가능성을 담보하고, 민생경제를 안정시키려면 IT, 바이오 등 신성장 산업뿐만 아니라 경제의 그늘에 있는 자영업과 소상공인에도 관심을 기울여야 한다는 것을 말해 준다.

상생과 공정을 위한 소상공인 지원사업 추진

서울시는 골목상권과 소상공인이 서울 경제의 주변인에서 민생경제의 주역으로 제 역할을 할 수 있는 방안을 고민하고 있다. 이러한 고민은 2012년 10월에 발표된 '희망서울 시정운영계획(2012~2014)'과 2016년 2월에 발표된 '경제민주화 특별시' 선언에 잘 나타나 있다. 희망서울 시정운영계획은 영세상인과 자영업자 보호를 위해 소상공인·자영업체 경쟁력 제고, SSM 규제를 통한 골목경제 활성화, 지하도상가나 전통시장에

입점한 상인의 권리 보호, 활력 있고 매력적인 전통시장 육성 등 세부과제를 선정해 추진했다. 경제민주화 특별시에서는 공정한 삶의 가치 실현과 사람 중심의 경제민주화 특별시를 조성하기 위해 중소기업, 소상공인, 임차인, 금융소외계층, 노동자 지원 등과 관련된 16개 실천과제를 제시하고 있다. 그중 상생 분야에서 골목상권과 소상공인 자생력 강화, 대형유통기업과 골목상권의 상생 협력 지원, 공정 분야에서 임차상인 권익보호와 피해 규제 지원, 공정한 상가임대제도 정착 등의 세부과제를 선정해 추진하고 있다.

SSM의 영업 규제

SSM의 영업 규제를 통한 골목경제 활성화는 대형마트와 SSM의 영업을 규제하는 것으로 전통시장 등 골목상권을 보호하기 위한 정책이다. 이 정책은 2012년 1월 17일 기초단체장이 대형마트와 SSM을 규제할 수 있도록 한 「유통산업발전법」 개정안이 공포되면서 시작되었다. 서울시는 2012년 3월 15일 「유통업 상생 협력 및 소상공인 지원과 유통분쟁에 관한 조례」의 일부 개정안을 공포한 후 대형마트 등에 대한 규제를 실시했다. 규제 핵심은 대형마트와 SSM의 영업시간을 오전 10시부터 자정까지로 제한하고, 지방자치단체장이 일요일을 포함한 공휴일에 월 2회 의무휴업일을 지정할 수 있도록 하는 것이다. 2012년 4월 22일 서울과 전주 등에서 대형마트 의무휴업이 처음 시행된 이후 의무휴업을 하는 대형마트와 SSM 점포가 전국적으로 확산되었다.

대형마트와 SSM 규제를 통한 골목상권 활성화에 대한 구체적인 성과는 다음과 같다. 첫째, 서울시는 대형유통기업의 영업 규제 취소 소송 이후 절차상 위법성 해소를 위해 자치구 조례 개정 작업을 추진하여 25개 자치구의 2차 조례 개정(2012.12) 및 처분 완료(2013.3) 등을 추진해 제도적 기반을 마련했다. 둘째, 2013년 1월 23일 공포된 「유통산업발전법」 개정안에 대형마트 범위 확대, 영업 제한 적용 면제조건 축소, 영업 제한 위반 시 제재 신설과 과태료 상한 확대 등 서울시 의견을 개진해 반영했다. 셋째, SSM 진출 시 일정 기간 사업 확장을 연기하거나 축소를 권고하는 사업 조정을 효율적으로 운영하여 SSM의 무분별한 사업 확장을 방지하고 골목상권을 보호했다. 넷째, 대형마트 영업 규제로 골목경제 매출이 증대되는 성과를 거두었다. 서울시와 파워리서치(2013.12)가 서울 시민을 대상으로 한 인지도 조사 결과, 대형마트 영업 규제 이후 대형마트와 SSM의 방문 횟수와 구매 금액이 각각 32.1퍼센트, 26.9퍼센트 감소할 것이라고 기대하는 응답이 있는 반면, 전통시장과 중소형 점포의 경우는 각각 36.2퍼센트, 30.6퍼센트 늘어날 것으로 내다봤다.

젠트리피케이션 대책

서울시는 2015년 12월 대학로, 홍대 지역, 성수동 지역 등 주요 상업공간에서 젠트리피케이션에 따른 지역공동체 붕괴와 영세상인의 불합리한 이전 등 사회문제가 발생하자 '서울시 젠트리피케이션 종합대책'을 발표했다. 젠트리피케이션 대책은 거버넌스를 통한 젠트리피케이션 공론화, 지역별 민관 협의체 구성과 상생 협약 체결 유도, 상가 임차인 보호 조례 제정과 지원 강화, 젠트리피케이션을 전담하는 법률 지원단 지원, 지역 정체성 보존을 위한 앵커시설 확보·운영, 서울형 장기안심상가 운영, 장기저리융자 지원을 통한 자산화 전략 등이다. 그중 서울형 장기안심상가는 노후된 상가건물의 리모델링과 보수 비용을 지원하여 상가 임차료 인상을 일정 기간 제한함으로써 상가 임차인의 안정적인 영업 활동을 보장하는 것으로 2016년부터 시행되고 있다. 안심상가 지정 건물주가 되려면, 서울시의 임대료 안정화 정책 등에 동의해야 하며, 일정 기간 임대계약조건 유지 등 임대인과 임차인 간 상생 협약을 체결해야 한다. 방수, 지붕, 내벽 목공사, 도장, 미장, 보일러, 상·하수, 전기 등 일체의 리모델링 비용을 지원하고 지원 금액은 실비용을 지급하되 건물 당 3000만 원 이내로 제한한다.

소상공인 경영 지원

이밖에 서울시는 골목상권과 소상공인의 자생력 강화를 위해 창업교육과 컨설팅, 협업화 등을 강화하는 한편, 한계소상공인에 대한 지원을 추진하고 있다. 이를 정리하면 다음과 같다.

첫째, 창업 지원 일원화나 운영 내실화를 통해 창업교육, 컨설팅, 성공사업장 현장 체험 등 창업 전 과정에 대해 종합 지원을 강화하고 창업 준비 강화와 사업 안착을 지원한다. 특히 소상공인 경영 실태 정보, 자영업 창업 10계명, 창업 역량 자가 진단 등을 통해 신중한 창업을 유도하고, 우리마을가게 상권분석 서비스를 활용해 업종과 상권에 대한 안목을 높이고 있다. 우리마을가게 상권분석 서비스(golmok.seoul.go.kr)는 빅데이터 기반 골목상권 분석 서비스로 상권 지도의 특정 지역을 클릭해 신규 창업 위험도나 지역 상권을 분석할 수 있다. 특히 이 서비스는 아르헨티나의 수도 부에노스아이레스에 수출되는 성과를 보였다. 부에노스아이레스는 골목상권 활성화를 위한 해결책을 찾던 중 우리마을가게 상권분석 서비스를 벤치마킹해 서울시와 서비스 개발에 필요한 기술적 자문과 역량 강화를 통한 협력을 모색하기로 했다.

둘째, '자영업클리닉' 제도를 통해 외부 전문 자문가를 활용하여 운영·성장 단계에 있는 생계밀접형 업종에 대한 고충 해소와 경쟁력 강화를 지원한다. 음식점업, 슈퍼마켓 등 생계밀접형 15개 업종을 운영하는 소상공인을 대상으로 경영 지도·전문 지도 컨설팅, 현장 체험과 시설 개선 등의 지원을 한다.

셋째, '한계소상공인 지원' 제도를 통해 소상공인의 퇴출 시 파산에 따른 손실을 최소화하고 재기를 도모할 수 있게 한다. 예비진단 결과, 경쟁력을 상실한 것으로 판단되는 소상공인, 폐업을 검토·준비 중이거나 재취업을 희망하는 소상공인 등을 대상으로 사업 정리, 재기 지원, 사업장 원상 복구 지원 등을 한다.

넷째, 협업력이 취약한 소상공인을 위해 '자영업협업화 지원' 제도를 운영 중이다. 지원 대상은 자영업자 간 공동의 이익을 위하여 서울시 소재 3개 이상의 자영업자로 구성된 협업체로 공동이용 시설, 공동운영 시스템 구축, 공동브랜드 개발과 활용 등 협업사업의 모델 발굴 활성화를 도모한다.

골목상권과 소상공인의 자생력 강화

서울시는 골목상권과 소상공인의 보호와 성장을 위해 다각도로 지원하며 소기의 성과도 달성했다. 향후 서울의 골목상권과 소상공인이 당당히 서울 경제의 한 축을 담당하기 위해서는 이러한 정책이 지속성을 가져야 하며 정책의 무게중심도 '보호와 지원'에서 '자생력 강화'로 점차 이동할 필요가 있다. 향후 과제를 정리해 보면 다음의 네 가지를 들 수 있다.

첫째, 협동조합을 활용한 자영업과 소상공인 협업화를 강화해야 한다. 특히 협업사업의 원활한 수행을 위한 협업화 자문가 육성이 매우 중요하다. 현재 협업화를 원활히 진행할 유능한 지도자가 부족하므로 협업 지도자의 역할을 대행하면서 협업을 빠르게 정착시킬 수 있는 협업화 자문가가 필요하다. 이를 위해서는 기존 협동조합 활동가, 사회적기업의 협업 활동을 주도한 자문가, 전통시장 혁신 활동을 주도한 상인 등 유능한 잠재적 협업 자문가 등을 발굴해 협업 비법을 공유하고 표준화된 지침을 개발해 확산시킬 필요가 있다. 또한 지역별 협동조합을 통해 공동브랜드, 공동물류, 공동창고, 공동임차 지원을 강화하고, 협동조합 연합회 차원의 브랜드 관리와 자체브랜드 상품 개발을 모색하는 것이 바람직하다(김범식·최봉, 2012). 전통시장도 인프라 개선과 상인회 중심의 시장 개선이 필요하다. 전통시장 개선 프로그램에 대한 공모제를 추진해 상인회 중심으로 고충 해소를 위한 프로그램을 기획하고 이를 심사한 후 소액 지원을 하는 것이 바람직하다.

둘째, 프랜차이즈는 거스를 수 없는 추세이나 기존 대기업 주도 프랜차이즈는 사회적 공동가치 실현에 한계를 지니고 있다. 프랜차이즈 장점을 살리면서 부작용을 최소화하기 위해서는 일종의 사회적기업인 소셜프랜차이즈 육성을 통해 영세소매업 체인화율을 제고할 필요도 있다. 소셜프랜차이즈는 프랜차이즈 시스템을 갖춘 사회적기업으로 기존 프랜차이즈와 달리 가맹 본부의 영리 추구만을 목적으로 하지 않고, 가맹점의 이익

창출과 지속 가능한 경영을 최우선으로 한다. 독일은 1999년 슈퍼마켓 소셜프랜차이즈인 'CAP - Markets'를 통해 매출의 증대와 고용창출을 달성한 바 있다(김범식 · 최봉, 2012).

셋째, 자영업자와 소상공인의 인적 능력 개발을 강화할 필요가 있다. 서울시의 인력양성사업은 크게 기술교육원, 평생학습포털, 여성인력개발기관 정보넷, 서울산업진흥원 교육프로그램, 서울창조전문인력 교육프로그램으로 구분된다. 평생학습포털 등 기존의 인력양성사업을 활용해 자영업자와 소상공인에 적합한 인적 능력 개발 프로그램을 도입해서 재무관리, 사업관리와 더불어 전업과 전직 훈련 등을 강화할 필요가 있다.

넷째, 현행 중소기업 적합업종 제도는 골목상권과 소상공인 보호에 초점을 맞춘 생계형 적합업종 관점에서 보완될 필요가 있다. 또한 운영 방식 미흡 등 전문성 부족과 서울 지역 내 슈퍼마켓 조합 간 연대와 협력 관계 부족 등으로 이용률이 저조한 중소유통 물류센터의 이용률 제고를 위한 대응 방안이 필요하다.

참고문헌

- 강두용·민성환, 2016, 최근 실물경기의 건설투자 의존 구조: 문제점과 정책적 함의, KIET 산업경제정보, 633호.
- 강병구, 2015, 소득주도 성장을 위한 세제개편의 방향과 내용, 한국노총보고서.
- 강병구 외, 2016, 자본소득과 노동소득의 공평과세 방안, 경제적 불평등 실태와 정책 대응, 노동연구원.
- 강병구 외, 2016, 『한국의 민주주의와 자본주의』, 돌베개.
- 강신욱 외, 2015, 주요 소득보장정책의 효과성 평가연구, 한국보건사회연구원.
- 구본성, 2007, 외환위기 이후 국내 간접금융의 구조적 변화와 향후 과제, 금융연구, 21, 29～53쪽.
- 국민연금연구원, 2016, 2015 국민연금 생생통계 Facts Book.
- 국회예산정책처, 2014, MB정부 감세정책에 따른 세수효과 및 귀착효과.
- 김경혜, 1998, 서울시 저소득시민 최저생활 보장을 위한 연구, 서울시정개발연구원.
- 김도균, 2013, 한국의 자산기반 생활보장체계의 형성과 변형에 관한 연구: 개발

국가의 저축동원과 조세정치를 중심으로, 서울대학교 대학원 사회학과 박사학위 논문.
- 김동열 · 한상범, 2010, 금융통화위원회 위원의 임명과 재임기간에 관한 연구, 행정논총, 48(3), 223~249쪽.
- 김미숙 외, 2009, 능동적 복지확충을 위한 복지실태 및 복지욕구 조사 연구: 비수급 빈곤층을 중심으로, 한국보건사회연구원.
- 김범식 · 최봉, 2012, 서울시 연세소매업의 특성분석과 정책방향, 서울연구원.
- 김상조, 2012, 『종횡무진 한국경제』, 오마이북.
- 김상조, 2014, 국세청의 통합소득 자료를 이용한 소득분배 및 실효세율 추이 분석: 모집단 기준 전환 100분위 자료를 기초로, 경제개혁리포트, 2014-8호.
- 김상조, 2014, 기업집단 규율체계의 새로운 패러다임 모색: 재벌의 양극화 현황 및 기업집단법적 대안, 한국의 산업 생태계와 중소기업, 한국경제발전학회 2014년 정책토론회 자료집.
- 김상진 · 정준호 · 서광채, 2015, 임대차 시장의 월세화와 주요 특성에 관한 연구: 서울시 강남3구의 아파트 시장 사례, 한국경제지리학회지, 18(3), 348~365쪽.
- 김상호 외, 2015, 노후소득보장 강화방안 연구, 한국보건사회연구원.
- 김영식 · 최성호, 2014, 주택금융규제 완화와 소비 및 주택시장, 한국금융연구원 · 서울대학교 금융경제연구원 · KCB 공동 정책컨퍼런스.
- 김우찬, 2015, 국민연금기금의 주주권행사 실태와 개선방안, 미간행, 경제개혁연구소.
- 김유찬, 2015, 조세정의의 실현과 재정개혁, 민주당 정책엑스포.
- 김주훈, 2013, 제조업부문 중소기업의 일자리 창출 제고와 기업 간 분업관계의 개선, KDI FOCUS, 29, 한국개발연구원.

- 김진방, 2012, 경제민주화와 재벌개혁, 사람과 정책, 봄호, 10~28쪽.
- 김태일, 2012, 복지지출과 국가부채의 관계, 비판사회정책, 35, 7~46쪽.
- 노영훈, 2015, 우리나라 주택임대소득과세의 정상화 연구: 간주임대료를 중심으로, 한국조세재정연구원.
- 민변(민주사회를 위한 변호사모임), 2016, 한국사회의 개혁과 입법과제.
- 박명호, 2015, 2016~2060 장기재정전망, 조세재정BRIEF, 제6호.
- 박종규, 2014, "임금(賃金) 없는 성장"과 국제비교, 금융브리프, 23(16).
- 박종현, 2003, 외환위기 이후의 통화금융정책과 저금리 기조, 동향과 전망, 58호, 170~207쪽.
- 박지웅, 2015, 정부의 주택 임대소득 과세 정상화 정책에 대한 비판, 민주사회를 위한 변호사모임 편, 2015 인권보고서, 294~306쪽.
- 서울특별시·서울시복지재단, 2011, 서울형 최저생계비 모형개발 연구.
- 서울특별시·서울연구원, 2012, 서울시민복지기준 설정 연구.
- 성명재, 2011, 소득분배 개선을 위한 조세·재정정책방향, 응용경제, 13(2), 31~70쪽.
- 손수인·신영전·김창엽, 2010, 저소득층의 과부담의료비 발생에 영향을 미치는 요인, 보건사회연구, 30(1), 92~110쪽.
- 송영관, 2015, 국제무역이 한국 제조업 구조와 생산성에 미치는 영향, KDI 정책연구 시리즈, 2015-10.
- 송원근, 2016, 외환위기 이후 재벌정책 변화와 경제민주화 전망, 이병천 외 엮음, 『한국의 민주주의와 자본주의: 불화와 공존』, 돌베개, 155~192쪽.
- 신원섭·이원기, 2011, 가계저축률 하락과 정책과제, BOK 경제 브리프.
- 앳킨슨, 앤서니(Anthong B. Atkinson), 2015, 『불평등을 넘어』, 장경덕 옮김, 글항아리.

- 양재진, 2015, 복지국가는 어떻게 가능해지나, 동향과 전망, 243~247쪽.
- 오건호, 2016, 『내가 만드는 공적연금』, 책세상.
- 오제세 의원실, 2015, 보도자료: 대기업에 편중된 법인세 감면 혜택 줄여야, 2015 국정감사 보도자료3, 기획재정부: 조세(9월15일).
- 위평량, 2010, 2010년 정기국회 입법과제-하도급거래 개선방안, 경제개혁연대.
- 위평량, 2013, 박근혜 당선인의 경제민주화공약 분석과 향후과제, 경제개혁리포트, 2013-01.
- 이강용 · 이종아 · 정준호, 2015, 주택시장과 주식시장 간의 군집행태 비교: 시가총액 상위 자산을 중심으로, 대한부동산학회지, 33(1), 313~329쪽.
- 이강훈, 2016, 주거세입자의 주거비 과부담과 주거불안 해결을 위한 입법적 개선과제, 민주사회를 위한 변호사모임 편, 2016 인권보고서, 286~307쪽.
- 이건우 · 하봉찬, 2013, 서비스화가 한국산업의 연관구조에 미친 영향에 관한 연구, 산업연구원.
- 이병희, 2013, 한국형 실업부조 도입방안, 한국노동연구원.
- 이병희, 2015, 고용보험 20년의 평가와 과제: 사각지대와 실업급여을 중심으로, 한국사회보장학회, 춘계학술대회 발표문.
- 이병희 외, 2013, 한국형 실업부조 도입방안, 고용노동부.
- 이승선 · 김연명, 2014, 국민기초생활보장제도 개혁방안으로서 '서울형 기초보장제도'의 의의와 한계, 한국사회정책, 21(4), 45~79쪽.
- 이항구, 2016, 자동차산업의 노사관계 선진화를 위한 전제, 산업연구원.
- 이항구, 2015, 제조 협력업체의 경영성과 분석과 시사점, 중소기업중앙회 · 산업연구원.
- 임영재, 2015, 재벌의 경제력 남용과 상생경제, 어떻게 보아야 할 것인가?, 국가미래연구원 · 경제개혁연구소 · 경제개혁연대 토론회 토론문.

- 장지연, 2013, 근로빈곤과 저소득층 소득지원, 한국의 사회동향.
- 전강수, 2012, 『토지의 경제학』, 돌베개.
- 전강수, 2016, 부동산 문제의 실상과 부동산정책의 전개, 이병천 외 엮음, 『한국의 민주주의와 자본주의: 불화와 공존』, 돌베개, 255~289쪽.
- 전병유, 2016, 기업규모 및 원하청에 따른 노동 일터의 격차와 불평등, 한국의 사회동향.
- 전병유 · 정준호, 2015, 한국경제성장 체제의 재구성을 위한 시론, 동향과 전망, 95호, 9~43쪽.
- 전성인, 2012, 경제권력으로서 재벌과 사회적 통제: 케인즈의 시각으로 본 경제민주화, 황해문화, 76호, 47~61쪽.
- 전순옥 의원실, 2014, MB 4년 법인세감세 30조원, 대기업 75퍼센트 독식, 9월 22일.
- 정동영 의원실, 2016, 보도자료: 박원순시장은 호화주택 과세부터 바로잡아야! 서울시, 국토교통부 핑계로 부동산재벌 고급주택지 과세특혜만 심화, 10월 12일.
- 정영택 · 강창구 · 이다연, 2013, 새로운 성장기여도 추정 및 우리 경제의 성장 동인 재평가, 한국은행 이슈페이퍼, 2013-3.
- 정준호, 2008, 참여정부의 부동산정책 평가: 주택시장의 가격안정화 정책을 중심으로, 동향과 전망, 74호, 115~158쪽.
- 정준호, 2012, 네트워크 실패에 기반한 신산업정책론의 가능성과 한계, 동향과 전망, 85호, 50~88쪽.
- 정준호 · 전병유, 2015, 한국경제의 이중화와 성장체제 전환의 가능성, 월간 노동리뷰, 12월호, 51~64쪽.
- 정창률 · 권혁창 · 남재욱, 2014, 한국 건강보험 보험료 부담의 형평성에 대한 연

구, 사회보장연구, 30(2), 317～344쪽.

- 정호성 · 이지은, 2016, 주택실거래 자료를 이용한 주택부문 거시건전성 정책 효과 분석, BOK 경제연구, 2016-10.
- 조동철 · 성명기, 2003, 저금리 시대의 부동산가격과 통화 · 조세정책에 대한 시사점, 한국개발연구원.
- 주현 · 김숙경 · 김종호, 2013, 개인기업의 실태 및 정책과제, 산업연구원.
- 최수정, 2013, 경제민주화 실현을 위한 하도급거래에서의 법적 과제 : 국회 정무위원회안을 중심으로, 경제법연구, 12(1), 127～149쪽.
- 하준, 2016, 부실기업 실태와 구조조정 절차의 개선 필요성, 국가미래연구원 · 경제개혁연구소 · 경제개혁연대 합동토론회 발표문.
- 하준 · 정인환 · 채이배, 2015, 산업정책의 실효성 제고를 위한 경쟁 및 구조조정 정책의 개선방안, 산업연구원.
- 한국은행, 2015, 한국의 거시건전성정책.
- 한국은행, 2016, 가계부채 상황 평가 및 주요 이슈, 2016년 한국은행 경제전문가 초청 워크숍 발표자료.
- 한국은행, 2016, 금융안정보고서.
- 한국은행, 2016, 통화신용정책보고서.
- 허석균, 2008, DTI 규제의 금융시스템 안정화 기능, KDI 정책포럼, 제207호.
- 현대경제연구원, 2015, IMF 재정충격지수로 본 국내 재정정책의 기조 분석 - 확장적 재정정책이 필요하다, 경제주평, 15-11.
- 홍원철 · 정준호 · 서광채, 단독주택 과세평가의 수직적 형평성 분석, 감정평가학 논집, 15(3), 23～44쪽.
- 홍장표 · 장지상, 2015, 대기업 성장의 국민경제 파급효과: 생산고용유발효과를 중심으로, 경제발전연구, 21(2), 33～62쪽.

• 홍장표, 2012, 대 · 중소기업 이익공유제 법제화 방안, 노회찬 의원실, 대 · 중소기업 양극화 해소를 위한 초과이윤제 법제화 방안 토론회.

• 홍장표, 2012, 대 · 중소기업간 양극화 현황과 하도급거래 제도개선방안, 국회 경제민주화 포럼 주최 원 · 하청 불공정거래 근절: 경제민주화의 첫걸음 토론회.

• 황덕순, 2015, 실업급여 사업의 성과와 발전방향, 고용보험 20주년 기념 학술대회 발표문.

• Blanchard, O. J., Leigh, D., 2013, Growth Forecast Errors and Fiscal Multipliers, IMF Working Paper.

• Cheon, B., et al., 2014, Korea: The Great U-Turn in Inequality and the Need for Social Security Provisions, B. Nolan, et al. (eds.) *Changing Inequalities and Social Impacts in Rich Countries: Thirty Countries' Experiences*, Oxford University Press.

• Choi, Young, Chung, M. and Chang, J., 2014, Uncomfortable Compromise between Developmentalism and Welfarism?: Politics of Social Investment in South Korea, World Congress of the International Sociological Association Yokohama, Japan, July 14-19, 2014.

• Coakely, J., 1994, The Integration of Property and Financial Markets, *Environment and Planning A*, 26(5), pp.697~713.

• Council of Economic Advisers, 2016, Economic Report of the President, The White House.

• Gyourko, J., Molloy, R., 2015, Regulation and Housing Supply, Handbook of Regional and Urban Economics, Elsevier.

• Longin, F., Solnik, B., 2001, Extreme Correlation of International Equity Markets, *The Journal of Finance*, 56(2), pp.649~676.

- Mian, A., Sufi, A., 2015, *House of Debt: How They (and You) Caused the Great Recession, and How We Can Prevent it from Happening Again*, Chicago University Press.
- OECD, 2013, *Pensions at a glance, 2013: OECD and G20 Indicators*.
- OECD, 2015, OECD Employment Outlook.
- Torres, Jose L., 2013, Revenue and Expenditure Gaps and Fiscal Consolidation: A Cross-Country Analysis, IMF Working Paper.
- Venn, D., 2012, Eligibility Criteria for Unemployment Benefits: Quantitative Indicators for OECD and EU Countries, OECD Social, Employment and Migration Working Papers, No.131.

한국 경제 규칙 바꾸기

지은이 박원순, 전병유 외

초판1쇄 인쇄 2018년 9월 21일
초판1쇄 발행 2018년 10월 5일

펴낸이 서왕진
펴낸곳 서울연구원
편집 전말숙, 송도숙, 이소정
디자인 이석운, 김미연
인쇄 · 제본 현문인쇄
업무협조 이원영, 이지연

주소 서울시 서초구 남부순환로 370길 57
전화 02-2149-1234
팩스 02-2149-1019
홈페이지 www.si.re.kr

ISBN 979-11-5700-310-5 93320

• 책값은 뒤표지에 있습니다.

• 이 도서의 국립중앙도서관 출판예정도서목록(CIP)은 서지정보유통지원시스템 홈페이지(http://seoji.nl.go.kr)와 국가자료공동목록시스템(http://www.nl.go.kr/kolisnet)에서 이용하실 수 있습니다.(CIP제어번호: CIP2018028216)